つながり、変える私たちの立憲政治

中野 晃一 著

大月書店

はじめに——「聞き手」からのメッセージ

2016年7月の参議院選挙は、市民+野党の共闘が実現し、「市民革命」の第1幕を開けました。32の1人区すべてで野党統一候補を実現して11の選挙区で勝利するという画期的な成果をあげました。

「戦争法」強行から1年の2016年9月19日の国会正門前行動には、降りしきる雨の中を2万3000人(主催者発表)が参加しました。参加者は、「戦争する国絶対反対」「みんなの力で憲法守ろう」「衆議院選挙も野党は共闘」と力強くコールしました。

24歳の青年は、「一年前、悔しい思いもしましたが、参議院選挙で野党が共闘して成果も出したし、さらに共闘をすすめ衆議院選挙でも勝ってほしい。市民レベルの運動もさらに大きくしたい。求められるのは安倍が暴走する今の流れを止めること。民進党のゴタゴタもありますが、とにかく一緒にやらないと勝てないので力を合わせてほしいです」と希望を語ってくれました。

「戦争法の廃止」「立憲主義の回復」「安倍政権打倒」をめざす市民も野党も総選挙に向けて、「市民革命」の第2幕へのステップを模索しています。

安倍政権の暴走は明文改憲を自己目的化してすすんでいます。改憲国民投票を視野に入れて、マスコミ対策に抜かりがなく、地方自治体では政権の意向を忖度《そんたく》して「政治的中立」という規制が広がっています。私は安倍政権が公共空間を政治的にコントロールするもの、ある意味ではファシズムに向かう「空気感」ともいえる状況だと受け止めました。

こうした「空気感」の狙いや背景を分析し、理論的にも感性の上からも打ち破りたいと考え、ご相談したのが本書の著者の中野晃一さんでした。

市民と野党の共闘のとりくみの中で、キーパーソン的な役割を果たされていた中野さんは、「立憲デモクラシーの会」の呼びかけ人の一人でもあり、国会前での「敷布団と掛布団」のスピーチが話題となりました。

先生のお話をうかがい、著書を読む中で、世界的な視野を持ち、わかりやすいお話で、しかも「共産党を除く」のではなく、リベラルと左派の結集を呼びかけられているその姿勢に共感しました。

また政治の劣化のおおもとに「新自由主義（ネオリベラリズム）」があり、安倍政治は新自由主義と国家主義（ナショナリズム）の組み合わせによってつくられているとの問題意識にも触発されました。

インタビューは、2015年の戦争法制反対の国会前行動から2016年の参議院選挙、東京都知事選挙までのとりくみを現場感覚でリアルに話しました。参議院選挙では選挙区ごとに、また政党との関係もかなり踏み込みました。

そして今後につながる展望をいくつかのキーワードで語っていただきました。

ひとつは「連帯の名乗り」です。中野先生は、アメリカ大統領選挙で大きな影響を与えたバーニー・サンダースを支えたのが「オキュパイ運動」での「私たちが99%」であり、国会前でのSEALDs、ママの会、学者の会や「保育園落ちたの　私だ」という連帯表明と名乗りが新自由主義の分断統治や専制支配に対抗すると話されました。

あなたの問題は私の問題、社会の問題なのだと、つながることで分断統治や自己責任論を乗り越え、社会を再生し、社会的な関係をつくる。私たちの運動のあり方も含めて非常にわかりやすく希望の言葉だと思いました。

もうひとつは「リベラル・リスペクト・リニューアル」です。運動の面でも、野党共闘においても、他者を認め、リスペクト（尊敬）する。そして人々が個人として自由を享受することなくして持続可能な社会はつくりようがない。この発想が経済でも社会の作り方でも安倍政治に対抗するアプローチとして必要だとの指摘です。

憲法を生かし、個人の尊厳を大切にする運動と政策の方向を示しています。

そして、「政治的中立」などを通じた空気感に対抗するには、私たちが生活の場において、地域レベルでも、職場でも、おかしいと思ったことに声をあげ、自由と民主主義の基盤の上に多様な意見があるのはあたりまえであって、政府や権力者の見解を押し付け忖度するのは中立ではないことを訴えていくことが重要だと激励されました。

野党の共闘ではリベラル政党と左派政党としての日本共産党とのしっかりとした連合なくして政党政治のバランスは回復できない。「立憲野党」の可視化など一歩踏み込んだ提起もありました。

市民に対しても、政党に対しても「リスペクト」の心をしっかりと持った中野先生とのインタビューは私自身も楽しく、こころ豊かになるものでした。

この間の中野先生の論文や談話などを集大成したような内容です。安倍政治を終わりにして、憲法を生かした新しい日本の政治を願う多くのみなさんの力になる本だと確信します。

ぜひ職場や地域、小さな集まりなどで大いに活用していただくことをお願いします。

田中章史

もくじ

はじめに――「聞き手」からのメッセージ 003

第1章 「市民革命」の幕開け 015

1 「市民革命」の第1幕を開けた2016年7月参議院選挙がつくりだしたこと

市民主導の共闘は前代未聞

政治をあきらめかけた有権者が

政策的なコミットメント（約束）が勝利を導いた

2 伸び悩みの背景には何があった

野党共闘を可視化する難しさ

カギを握るのは穏健保守層

自民党・公明党の危機意識

東京都知事選挙の残した課題

イデオロギーを超えた「共闘」の現場はオール市民の運動という感覚

新しいリーダーシップ像が必要

第2章 新たな「リベラル左派」勢力の再起動 055

1 リベラルと左派の結集は世界的な潮流

「自由の時代」から「反自由の時代」へ

メタレベルのリベラリズム＝「他者性」の尊重
市民社会は政党を変えられるか
震災に便乗した政治と「がれき」からを出発したSEALDs
2 左派リベラル連合を具体化するための戦略
野党票食い合いのジレンマからの脱却
「国民連合政府構想」の「先手」が流れをつくった
民進党にいかに「ファイティングポーズ」をとらせるか
3 お互いのリスペクトを力に
新旧の運動がリスペクトし共鳴し合うこと
「一人でも」「一人が」声をあげることの重み

第3章 「安倍政権」の本質とは何か 085
1 あらためて「安倍政治」を検証する
第一次政権の反省に立ったマスコミ対策
橋下徹さんと安倍首相の親和性
2 国家主義と新自由主義の統合＝「新右派転換」
「社会の抹殺」と自己責任論
政治の場にも蔓延する新自由主義の思想
3 専制支配と新自由主義の結合による政治の劣化
企業はサイコパス
「世界一企業が活躍しやすい国」の不自由さ

新自由主義と地方自治

4　政治の簒奪《さんだつ》に対抗する「連帯の名乗り」
「まつろう」「まつろわす」の政治観
公共空間における「政治」の復権を
「連帯の名乗り」という抵抗運動
「連帯の名乗り」が社会を再生する
尊厳が奪われた状態に対して憤ること
主権者意識に根ざした「育む」運動

第4章　一人ひとりの尊厳を保障する社会へ　123

1　野党と市民の共闘の次なるステップは
改憲国民投票と衆議院選挙の可能性
小選挙区での「立憲野党」の共闘は必須
「野合」批判にどう応える？
「個人の尊厳」を具体化する政策づくり
三つの価値――リベラル・リスペクト・リニューアル
先進国をやめ開発独裁をめざす安倍政権

2　市民の参加する政治に必要な条件
市民政党の登場には公職選挙法の民主化が不可欠
リベラルと左派の連合をつくる
一人から変化は始まる

資料　衆議院・参議院選挙結果と連立政権（1983年7月〜2016年7月）

第1章

市民革命の幕開け

1 「市民革命」の第1幕を開けた ２０１６年７月参議院選挙がつくりだしたこと

――今回の参議院選挙は、日本の政治史の新たなページをめくるものと言われました。野党と市民の共同でたたかった今回の選挙を振り返って、結果をどのように見ていますか。

中野　私の実感からすると、やれることはやったし、第1幕を開けるという意味では成果があった選挙ではあると思います。もちろん「3分の2」を阻止するという結果をできれば出したかったわけですから、その意味では達成できなかったことも多くあります。コップの中に水が「まだ半分ある」と言うか「半分しかない」と言うかというのと同じで、ネガティブにもポジティブにもとらえられる。道のりはまだまだ先が長いことを認めざるをえませんが、ではダメだったのかと言えば、そうでもないと思います。

去年（2015年）の国会状況や、直近で言えば2014年12月の衆議院選挙、また3年前の参議院選挙もそうですが、過去を思い返して当時はできなかったこと、あるいはできるなどと想像もしなかったこと、と考えれば、やはり画期的といえることが数多くありました。去年の国会前での抗議行動が下地となって市民の連帯という枠ができ、その中で野党は共闘してほしいという願いが政党を動かし、かなりの成果を上げたと言っていいと思います。

本来であれば政党というのは、それぞれ独自の候補を擁立し選挙をたたかうのが当たり前です。政策理念も違えば個別の政策もそれぞれあり、政治について自分たちの確たる考え方があるから別々の政党をやっている。しかし他方で、選挙制度の上では、参議院にも衆議院にも1人区（小選挙区）があり、野党側がそれぞれ候補者を出している限り、与党がどうしても圧倒的に勝ってしまうことが起きます。

そういう現実を克服する策として、「野党は共闘してほしい」ということを私たち市民はお願いしてきました。野党側を叱咤激励し、時には相当きつい言葉も使いながら、後押しをしてきたわけです。

かなり無理なことをお願いしているという自覚は、私は常に感じていました。とりわけ共産党には香川を除くすべての1人区で候補者を取り下げて比例区に回してもらったわけですから。政党としての本来の政治活動を考えれば、かなり無茶なことを引き受けてもらい、狭い意味での党利党略から離れた考え方をしてもらっていると思っています。

そうした結果として、32の1人区すべてにおいて一応、事実上の一本化ができた。「一応、事実上の」という言い方をするのは、各選挙区でさまざまなケースがあり、教科書に載せたいようなきれいな共闘の例もあれば、単に一方が候補者を取り下げただけに近いものもあったからです。また、選挙戦をたたかっていくなかで、市民が後押しする野党共闘のかたちがさらに進化していったケースも多々あり、各地各様の野党共闘があったと思います。

２０１４年12月の、いわゆるサプライズの解散総選挙（衆院選）をされたときに私たちが置かれていた状況を考えてみましょう。それに先立つ7月1日に、集団的自衛権の行使を認める閣議決定がなされていました。その後内閣改造もされましたが、小渕優子さん（経産相＝当時、以下同）や松島みどりさん（法務相）のスキャンダルがあり、山谷えり子さん（国家公安委員長）や稲田朋美さん（政調会長）といった極右政治家の重用に批判が出るなど、政権としてはややつまずきだした状況があったと思います。にもかかわらず解散によって、あたかもリセットボタンを押すように、2年前（２０１２年12月）の衆院選の結果を再生産したような圧勝をされてしまったわけです。これは、小選挙区制という選挙制度を悪用したといっていいと思います。

この選挙のとき、のちのＳＥＡＬＤｓになる学生グループ（ex-SASPL）がインターネット上で戦略的投票を呼びかけていました。戦略的投票とは、いわゆる「勝てる候補」への票の集中です。典型的には、小選挙区で3人以上候補者がいる場合、一番落としたい候補の次に強いのは誰かと考え、そこに票を集めるわけです。ベストの候補者ではなくても、ベターな候補者を勝たせるための投票行動ともいえます。

けれども私は、気持ちはわかるものの、残念ながらそれでは不十分だと思っていました。戦略的投票の呼びかけを批判するつもりはもちろんないし、そう考えるのもやむを得ない。実際、他に打てる手もない。ただ、非常に限界があると私自身は感じていたのです。

なぜかというと、第一に人びとがそんなふうに戦略的に投票してくれることが、なかなか起きないというのがひとつ。イギリスでは保守党の候補を落とすために労働党と自由民主党のあいだで戦略的投票をして効果を出している場合もありますが、これは何度も経験して多くの人が学習しないことには、大きな数の票の動きには結びつかないのです。

もうひとつは、対抗馬として勝てそうな候補に票を集めようというだけで、政策的な合意も何もないまま、「よりまし」だから、あるいは対立候補を落としたいからという理由だけで、白紙委任的に投票することになってしまう。そこが残念なわけです。

具体的に言えば、当時の民主党の候補者が小選挙区で「勝てる候補」という位置づけになるわけですが、そこに共産党や社民党など他の政党に近い考えの人が票を集中することになれば、たとえその結果勝ったとしても、その後の議員としての行動によっては、票を投じた有権者に不満を残すことが考えられます。結果的に、投票行動から有権者自身が疎外されてしまう。それが私は怖かったのです。

そういう結果にならないように、今回はＳＥＡＬＤｓはじめ「市民連合」として野党に政策協定を呼びかけ、さらにそれを市民側が全面支援することで、選挙結果に結びつけるための枠組みをつくったのです。そうした努力の結果、32の１人区すべてで候補者を一本化でき、結果としても11議席を獲得したことは、大きな成果です。

市民主導の共闘は前代未聞

――市民連合の呼びかけ人として野党の共闘を後押しされた思いはどこにありましたか。

中野　安保関連法案をめぐる反対運動が、昨年（２０１５年）夏にとりわけ大きな盛り上がりを見せ、従来の運動に新しい人たちも加えて展開されたことがやはり大きかったと思います。

もちろん、法律が可決・成立したという点では負けたわけですが、それこそ、「総がかり行動実行委員会」の高田健さんが「負けた感じがしない、不思議な感じだ」と言ったように、そこで示された市民社会のパワーは、すぐに安保関連法を廃止するための野党共闘に向けて動き出したのです。

法案が可決される直前の9月の国会前では「野党は頑張れ」「野党は共闘」というコールがずっと叫ばれていました。採決を受けて、共産党がただちに「国民連合政府構想」を提案しイニシアティブをとった。市民社会が野党を後押しして選挙協力を促していくという、前代未聞の事態を政党側が受けて立ったといえます。

そもそも、市民社会の側が中心になって野党勢力をまとめようということ自体が、政治学的に見てもまったく奇異な話です。教科書的な理解でいえば、市民運動とは市民それぞれの利害や意見を表出するものであって、政党はその利害や意見を集約するものだという役割分担があるわけです。労働運動や農民運動、医師会など、各分野の利益を代表して支持を得ている政党は、それぞれの利益を集約して政策をつくるということになります。つまり、利害や意見をまとめるのは本来、政党の役割のはずです。

にもかかわらず、今回は逆に市民運動の側が、ばらばらな政党をまとめ、選挙協力へと導いていった。その根底にあるのは、立憲主義が無視され、国家権力が暴走し個人の尊厳が踏みにじられているのは民主国家として異常な事態であって、これを正し、違憲の法制を廃止するという一点では党を越えて合意できるはずだという認識です。こうした認識の下に、市民運動が後押しするかたちで協議がはじまったことは、かなり稀というか、新機軸でした。

さらに、共闘の規模も前代未聞といっていいものです。容易にできるものではないことはわかっていましたが、政党の側でも市民の声に応えようと水面下で苦心した人たちがいて、最終的に2月19日に5野党（当時）のトップレベルで政策合意に結実したことは、歴史的な画期をなすといえるでしょう。

> 2月19日　5野党（民主・共産・維新・社民・生活）党首合意
> ・安保法制の廃止と集団的自衛権行使容認の閣議決定撤回を共通の目標とする
> ・安倍政権の打倒をめざす
> ・国政選挙で現与党およびその補完勢力を少数に追い込む
> ・国会における対応や国政選挙などあらゆる場面でできる限りの協力を行う

政治をあきらめかけた有権者が

――7月12日の『朝日新聞』では、無党派の56％が野党統一候補に投票、山形では79％、沖縄でも71％に上り、公明支持層でも24％が統一候補に投票したと「出口調査」の結果を報じています。中野さんは直接、共闘を支援した当事者の立場でもありますが、政治学者として、結果をどのように分析されますか。

中野　衆議院の小選挙区に比べても、参議院の1人区というのは地方にかたよっていますから、人口が少なく、第一次産業の比重が重く、原発立地県も多いなど、ほとんどが自民党王国です。その中で32のうち11でひっくり返したことは大きな成果です。3年前の参院選で言えば、31（当時）中29を自民党が取っていたわけですから。当時勝てたのは小沢さんの影響が強い岩手と、オール沖縄の沖縄だけでした。

今回も、野党共闘の枠組みができる前までは、場合によっては岩手や沖縄も危ないのではと危機感をもっていました。もし共闘がなければ、増えたところで4、5議席だったでしょう。それが11議席までいった。自民党が「重点区」とした1人区ほとんどでの勝利です。基本的に、勝つべき選挙区、勝ちたい選挙区は、かなりの程度勝てたというのが実感です。

『朝日新聞』や『赤旗』なども報じていたように、単なる足し算を超え、無党派層も一

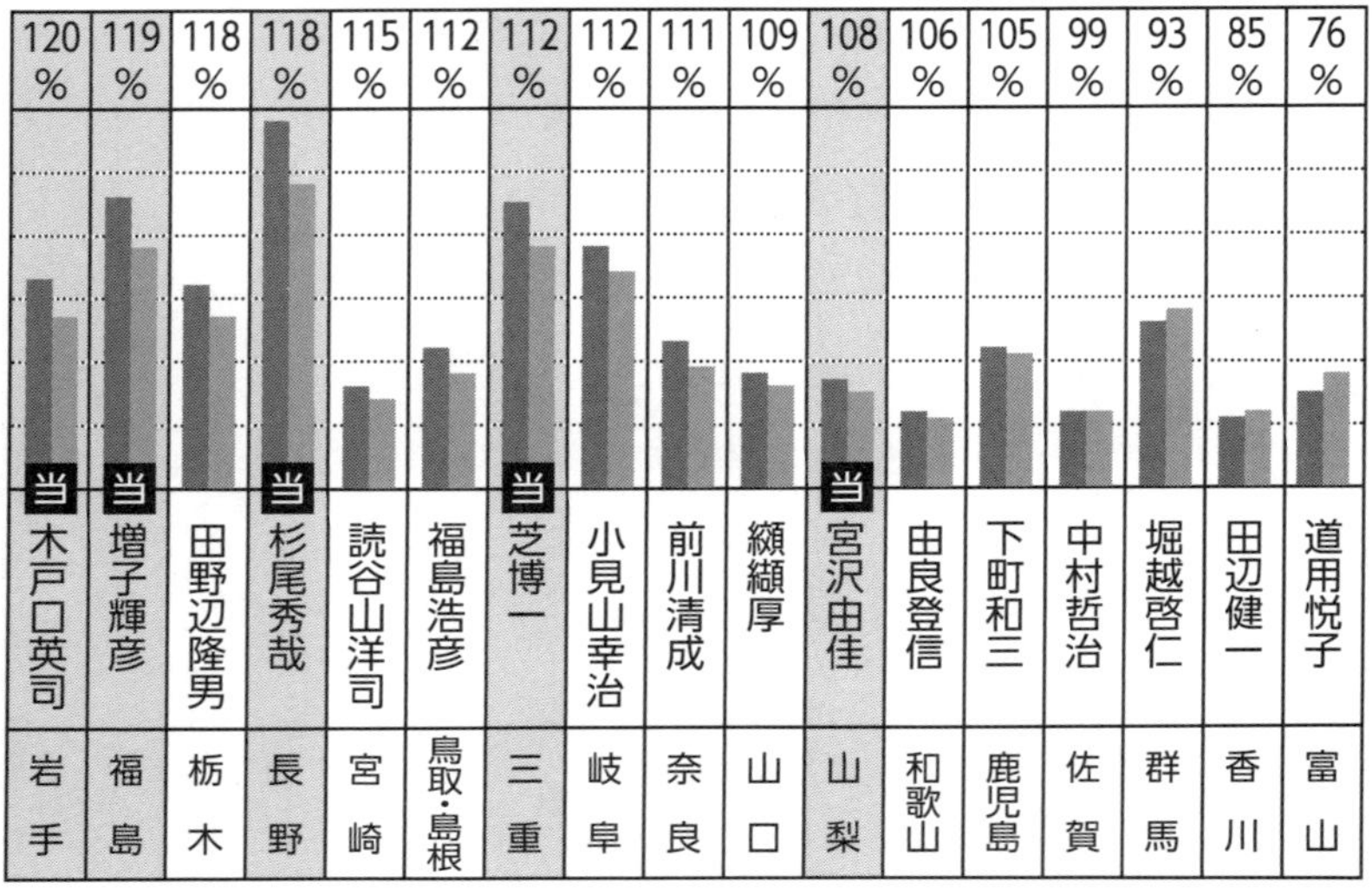

定程度呼び込んで票を伸ばしたケースが1人区ではほとんどでした。「安保法制廃止」「立憲主義の回復」「個人の尊厳の擁護」という共通政策を掲げた野党統一候補という受け皿ができ、政治をあきらめかけていた有権者が、「もう一度賭けてみよう」という思いを持ってくれたのだと思います。

　とても象徴的だと思うのは、東北地方では秋田を除くすべての選挙区で野党が勝利したことです。東日本大震災からの復興が遅れているうえ、福島の原発事故も解決せず、さらにはだまし討ちでＴＰＰの受け入れを迫られている地域です。同様に、オール沖縄で先

4野党の比例得票に対する統一候補の得票割合

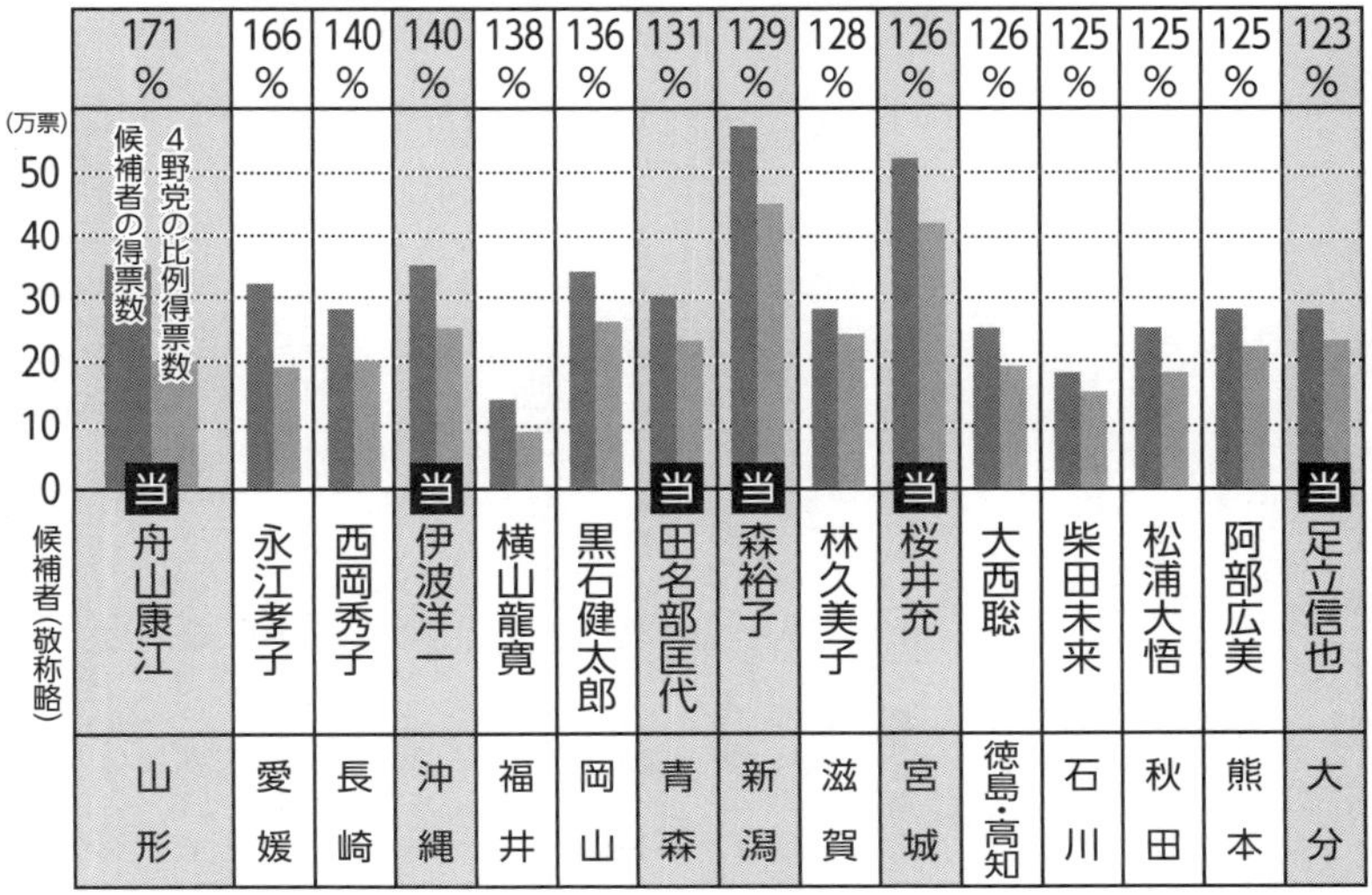

出典）『しんぶん赤旗』2016年７月13日.

行して共闘のモデルを見せてくれた沖縄、同時に福島でも現職大臣を破って勝利を収めることができたことは意義深いところです。

　先ほど申し上げたように、1人区の中でも、最初からスムーズに共闘できるところもあれば、共闘を渋り、地元の市民団体や市民連合を媒介した間接的な協定（ブリッジ共闘）のかたちをとらざるをえなかったところもありました。

――中野さんも各地を応援に回られましたが、現場を歩いての感想はいかがでしたか？

中野　とても感銘深く、意義深かったと思うのは三重のケースです。

三重は民進党の岡田代表のお膝元で、「三重で負けたら代表を辞任する」とまで言ってしまったもので、自民党が総力をあげててこ入れをした選挙区のひとつです。加えて、民進党の候補者は芝博一さんという、神主さんでもある保守的な方でした。当初は共産党との共闘にまったく否定的で、32選挙区のなかでも最後まで共闘の合意が整わなかった県のひとつでした。

そういう候補者に対して市民側は、「市民連合みえ」を中心に粘り強くはたらきかけました。とくにSEALDs東海の岡歩美さんという若い女性が、ずっと選挙区に張りついて芝さんとの交渉にあたってきました。こう言っては芝さんに失礼かもしれませんが(笑)、岡さんは保育士で、非常に根気強く、信頼を得ながら、頑固な保守の人を説得し続けた。そうしてようやく、市民連合みえを介したブリッジ共闘が実現し、実際の選挙戦のなかでも、市民のパワーを芝さんに実感させていったのだと思います。

最初は共闘に及び腰だったのが、一緒にやってみると、なんだ意外に話せるじゃないか、それにこんなに熱心に支援してくれるのか……と、芝さん自身の認識が変わっていった。実際に、選挙運動に市民が参加して共通のプラカードを持ったり、一緒に集会を開いたり、

ＳＮＳを使って発信したりする。その効果と新しさに候補者自身も感銘を受け、お互いの信頼が深まり、最終的には当選できたわけです。

当選後、地元のテレビ局で放送されたニュースでは、芝さんが『赤旗』を読みながら「自分が赤旗に出るのは初めてじゃないか」と笑い、「当選させていただいて本当に感謝している」と言っておられました。

政党どうしの選挙協力にとどまらず、市民が中に入って選挙そのものや候補者自身を変えていった。それが、絶対に落としてはならない選挙区、しかも決して容易ではなかった選挙区で実現したことは、今回の共闘の成功を物語っていると思います。

政策的なコミットメント（約束）が勝利を導いた

中野　先ほども出た戦略的投票との大きなちがいは、すでに申し上げた通り、共闘が実現する過程で５野党（当時）がトップレベルで政策合意をしていたことです。「安倍政権打倒」「立憲主義の回復」などについて合意し、６月７日には中央段階で野党４党と市民連合との間で参議院選挙に向けた政策協定が結ばれ共闘のシステムができあがりました。それが地方に浸透して地域レベルにおいても多くの場合、政策協定などのかたちで政策が協議されました。実際に統一候補が勝った選挙区では、どのケースにおいても、市民や他の野党が納得できるかたちで政策的なコミットメント（約束）を結んでいます。単に勝ちやすい候補に白紙委任するのではなく、政策的な面でも、市民の期待を背にこの先も活動していくという応答的な関係が築けていた。そういう代表者としての議員を国会に送りだすことができたことは、単なる戦略的投票や候補者の調整と比べても、はるかにいいことだったと思います。

このように、1人区においては、現実的に期待していた範囲で、ほぼ完全に目標が実現されました。ただ残念なのは、それ以上に広がらなかったことです。

――相乗効果で、複数区や比例区でももっと野党が伸びることが期待されていました。

中野　野党共闘の戦略的なねらいは、民進、共産、生活、社民の4野党が政策合意をし、まず1人区で統一候補を立てることにより、はっきりした対立構図をつくる。そのことによって複数区や比例区にもインパクトを与え、投票率を上げ、全体として野党票を増やすという相乗効果を期待していました。その点については、たしかに伸び悩んでしまったことは事実です。

選挙区の投票率は前回より2・09％上がり（54・70％）、若干よくなりました（最高投票率は長野県の62・86%)。前回が戦後最低から3番目、今回が4番目です。しかし期待していたほどの伸び幅にはならなかった。50%を割るかもしれないという予想もありましたから、それに比べればよいとはいえますが、憲法改正がかかった3分の2議席をめぐる大変に重要な選挙で、それに対して野党が党派を超えた共闘で立ち向かっているわけですから、もっと多くの人が関心をもって選挙に行ってほしかったと思います。

複数区においても、結果として野党票が伸び悩みました。共産党は東京では前回と同じ1議席でしたが、神奈川、埼玉、大阪も本来ならば勝ってもらいたかったし、福岡も同じです。

とくに残念だったのは神奈川のあさか由香さんです。「ママの会」の中から擁立された候補者で、市民に信頼され、好かれていたし、選挙運動のスタイルも画期的でした。もうひと息で届かなかったことは悔しいですが、次に残るものがつくれたことは間違いないと思います。

大阪のわたなべ結さんも、毎日Twitterで短い動画を次つぎに公開するなど、市民からのアイデアを取り入れながら一緒に選挙運動をつくっていました。今回は1回目のチャレンジで、思うような成果が出しきれなかったところがありますが、次はもっとうまく、もっと早くから準備してやっていくぞという余地は十分に残したと言えるでしょう。民進党の票が伸びなかったことも残念でした。民進党の候補者がもっと先行してくれていれば、残る議席にもう1人野党候補が入れた選挙区がいくつかありました。実際はそうならず、大阪に関しては野党が共倒れして維新に2議席を許してしまった、それは率直に認めないといけないと思います。

東京選挙区では、6議席の中で蓮舫さん（民進党）と山添拓さん（共産党）は確実ということがわかった段階で、民進党の小川敏夫さんを最後の一議席になんとか入れようと、終盤にSEALDsや市民連合がてこ入れしました。もともとは1人区の共闘を中心に支援していたのですが、維新の田中康夫さんに取らせてはならないということで、インフォーマルながら複数区でも選挙の応援にまわったのです。その結果として、市民の力がこんなふうに選挙運動を変えられるということを、東京の民進党関係者などが目の当たりにしたことは大きいと思います。

彼らにとってみれば、市民が選挙に参加することで、こんなにもちがいが出てくるということを実感した。それまでは、市民と言ってもしょせんは素人、何ができるんだという雰囲気もなかったわけではない。1人区とはまたちがって、東京にはメディアも集まりますし、大都市圏では浮動票が非常に大きい。そういうなかでの市民の果たした役割は大きかったはずです。

もちろん、いままでの選挙でも市民が選挙運動に協力することはあったでしょう。けれども、従来型の組織で動けるところと、それでは足りないところがあります。とくに民進党などは地域組織の足腰がしっかりしていないところが多いのです。そういうところへ市民が入って、積極的に電話かけやポスティングを手伝ってくれた。これは、政党関係者にとって大きなインパクトだったのではないでしょうか。

結果として今回は伸び悩んだとしても、これから先を考えた連携のかたちや、アピールの仕方を改良していくひとつの助けになると思います。

――従来型の選挙ではできないことが、市民が入ることによって変化が生まれたのですね。具体的に、象徴的な例はありましたか？

中野　街頭宣伝や「ねり歩き」などでもそうですが、入ってくる人の層がだいぶちがいましたよね。若い人も女性もいて、そういう人たちがプラカードを持って応援することで、市民が後押しする候補者なんだということが可視化される。そうすると、とくに関心もなく、たまたま通った人でも「これはなんだろう？」と思うような見せ方ができた。見た感じ普

2016年６月19日東京・有楽町駅頭宣伝（写真提供：『しんぶん赤旗』）

通の若者や女性が、なんでわざわざこんなことをしているんだろうと足を止め、しばらくは聞いてみる。そして、こんなふうに多くのの市民から応援されているのなら、この人に投票してみようかな、もうちょっと調べて考えてみよう……と思ってもらうきっかけを与えられたと思います。政治を身近に感じられなくなっている人たちに対して、距離感を縮めてもらう手がかりになるような印象を残せたのではないでしょうか。

なかでも象徴的だったのは、有楽町での街頭宣伝（6月19日）です。野党の党首が勢ぞろいして（生活の党の小沢代表は弔事で欠席）、風船やプラカードを持った市民とともに壇上に並び、一体感のある構図を作りました。新しい選挙のかたちの可能性を、視覚的にもわかるように知らせた点は大きかったと思います。

1人区は人口が少ない地方ばかりで、このように演出した絵をつくることも容易ではないですし、都市部は逆に複数区なので共闘自体がつくりにくい。そういった難しさの中でも、こうしたいくつかのモメントがあったということは、この次を考える上でも、多くの人にヒントや希望を与えるものだったと思います。

とくにSEALDsの活躍はめざましいの一言でした。地方の1人区では、もともと若い人が少ないので、かれらが来るだけでもみんな喜ぶ。しかも話はうまいし、選挙での見せ方やプレゼンテーションのアドバイスもしてくれる。表に出てムードを盛り上げるのが得意な人もいれば、選対の裏方に入って、市民を巻き込んだ選挙運動のやり方をデザインできる人たちもいました。私たち学者も各地へ応援演説に行きましたが、それ以上に、SEALDsが各地の選対に入ったことが大きな力になったと思います。

2　伸び悩みの背景には何があった

野党共闘を可視化する難しさ

――野党の伸び悩みの理由はどこにあったとお考えですか？　政権側の争点隠しもありましたが……。

中野　複数区や比例区の伸び悩みの理由として、メディアがここまで弱体化しているのかということを改めて感じさせられました。

あるテレビ局では、朝のニュースの「今週のおもな出来事」に、リオ五輪開幕1ヵ月前とか大相撲の開幕は載っているのに7月10日の参議院選挙がなかったという、信じられないようなこともありました。争点隠しどころか選挙隠しですね。

先ほど言った有楽町の街頭宣伝のような画期的な絵をつくっても、従来型の選挙報道では無視される。あるいは選挙後には使うけれども、選挙期間中は使われない、といったことが多々ありました。野党の党首が揃って街頭宣伝をすること自体がニュースなのに、「各党党首の第一声」として報じられる映像はセオリー通り、自民、民進、公明、共産、維新……というぶつ切りで、どことどこが連携しているのか視聴者にはさっぱりわからなかったでしょう。

2012年12月の選挙のときは「第3極」などといって維新の会などをあれだけもてはやしたのに、今回は、野党の共闘をほとんど無視したに近い報道機関が多々ありました。

一部の新聞は「改憲勢力3分の2議席」の可能性をきちんと報じましたが、報道機関によっては「改憲勢力」という言葉にほとんどふれず、選挙後に突然使い出しました。それまではアベノミクスが争点だとか、対立軸のないつまらない選挙だというムードをかもし出して、結果が出た夜になって突然、改憲勢力が3分の2だということを言い出し、あたかも改憲がアジェンダであったかのように言いはじめた。そこまでメディアが劣化しているとは正直思っていませんでした。こちらの読みが甘かったのでしょうが、有権者に「改憲4党対立憲4党」あるいは自公政権に4野党が対峙するという構図が正しく届かなかったひとつの理由は、メディアがここまで抑え込まれている現実があったことにあります。逆に言えば、政権はそこまで必死に、だまし討ちをしても勝つという気持ちで臨んでいたことを感じるわけです。

もうひとつ、メディアのせいだけにもできない点があります。野党共闘が実現した段階で、満足したというのは言い過ぎですが、1人区で候補者統一ができたことで野党側の手が緩んでしまったところがあるかもしれません。複数区と比例区では野党どうしも競争しなくてはならないので、仕方ないところもあったとはいえ、全国的に訴えを広げる意味でも、もう少し意識的に、野党が全体として共闘しているということを伝える工夫が必要だったと思います。それは複数区での共倒れの危険にとどまらず、投票率を全体として上げていくためにも必要なことでした。

政策的なパッケージ（左資料参照）としてもこの程度まで合意しているということを訴える場が少なかった。

民進、共産、社民、生活の野党4党の幹事長・書記局長は1日、国会内で会談し、参院選で安全保障関連法の廃止や安倍内閣での憲法改正反対などを柱とする共通政策を掲げることで一致した。

会談では2017年4月の消費税率10％への引き上げ反対や、環太平洋経済連携協定（TPP）に関する情報開示のほか、保育士の給与を月5万円引き上げる法案など、4党が今国会に共同提出した法案も共通政策とすることを確認した。

（2016年6月2日『読売新聞』）

日本共産党と民進党、社民党、生活の党の4野党の書記局長・幹事長は1日、国会内で

5野党党首合意（2月19日）を具体化する6回目の協議を行い、全国32の参院選1人区のすべてで野党統一候補が実現し、全員の勝利に全力をあげるとともに、選挙に向けた「共通政策」の柱を確認しました。

4党は「共通政策」として、安保法制＝戦争法廃止・立憲主義回復にくわえ、(1)アベノミクスによる国民生活の破壊、格差と貧困の拡大の是正(2)環太平洋連携協定（ＴＰＰ）や沖縄問題など、国民の声に耳を傾けない強権政治に反対(3)安倍政権のもとでの憲法改悪に反対―を確認。さらに、介護、保育、雇用、被災者支援、男女平等、ＬＧＢＴ（性的マイノリティー）差別解消をはじめ、4野党が共同提案した15本にわたる議員立法の内容を「共通政策」とすることで一致しました。

また、参院選の複数区に関しては、4野党がそれぞれ切磋琢磨、競い合って、自公とその補完勢力を少数に追い込むために力を尽くすことを確認しました。

（２０１６年6月2日『しんぶん赤旗』）

1人区ではもちろん訴えていましたが、メディアを通じて全国的なインパクトを与えるには、都市部も含めてもっと野党共闘を可視化し、訴える工夫をすべきだったと思います。

私はある時期から、単に野党共闘という言い方ではなく、立憲主義を守ることを基礎に集まっている「立憲4党」ないし「立憲野党」という言い方をしてほしいと野党や報道関係者に訴えていました。しかし、新しい言葉を持ち込んでも浸透しないだろうという反応もあり、この4党をどう呼ぶのかということが最後まで定まらないままでした。それは、いまの政党政治状況の難しさでもあります。

今回の選挙で、自民党も公明党も、比例区での得票数を若干増やしました。ある意味当然といえば当然です。投票率が若干上がったこともありますが、前回の選挙と比べると、日本維新の会が分裂しておおさか維新になり、みんなの党が消えている。第三極といわれたそれらの政党に投票していた人たちが今回、宙に浮いていたわけで、その票をどこが回収するかというのも焦点であったわけです。

そういう中で、野党と言っただけでは、おおさか維新なども含んでしまう。今後もこの共闘の枠組みを維持していくのであれば、この4党をどう呼ぶのか考えなければいけない。そうでなければ今後も「野合」批判でごまかされる危険性が残ってしまいます。

単に選挙協力という政党の便宜のためにやっているのではなく、「立憲主義を守る」「安保法を廃止する」、そしてこれから先を言えば「憲法改悪を阻止する」という非常に重要な焦点があるわけですから、そのことが正しく伝わる位置づけが必要なのですが、まだうまくできていない。呼称の問題はそこにも関わってきます。

――選挙戦に入る前は、「安保法制の廃止」「立憲主義の回復」「個人の尊厳を擁護する政治の実現」という三つの合意事項を大々的に議論していたものが、いざ選挙に突入してからは、あまりそれが語られなくなったという印象もあります。

中野 選挙戦の中では、政党によって訴えるポイントが異なったこともありますが、立憲主義という言葉に関していえば、出てくる頻度が減ったのは事実でしょう。もともと共闘の原点はそこにあり、本当は連携しているからこそ強い。政治をあきらめかけた有権者に対して、もう一度参加してほしい、ということを訴える仕掛けとしてあったはずなのですが、1人区で統一を達成したところで動きが鈍くなってしまった面はありました。

政党にはそれぞれの候補者がいるわけですから、共闘の中で埋没を恐れるのはもちろんわかりますが、そういうネガティブな考え方ではなく、党利を超えて共闘しているからこそ信頼に足るし、投票する甲斐があるんだということを、もっと積極的に打ち出せる方法はないのか、今後の課題にすべきと思っています。

カギを握るのは穏健保守層

――大阪についてですが、「維新」が2議席獲得したことに驚いています。その背景は何なのでしょうか。

中野　私も東京の人間なので大阪のことは断定できない部分がありますが、私なりに思うところは、いわゆる新自由主義的な改革の言説に対しての信憑性が、保守層の中にどの程度残っているのかどうかというのが分かれ目だったと考えます。

新自由主義的な改革のレトリックというのは、とりわけ経済面、そして軍事面に出てくるわけです。対米追随的な構造改革路線やＴＰＰなど、既存の体制に「風穴」を開けて改革するというスタイルです。それはまず経済面に出てきますし、軍事面ではいわゆる「普通の国」論的な、アメリカについていく再軍備という方法が、改革っぽい装いで出てくるわけです。

そういったものに対して、それではダメだということが骨身に染みているのが、北海道から新潟も含めた東北地方だと思います。新自由主義的な改革による社会へのダメージが浸透し、旧来の保守層が分断されている。

北海道で共産党は議席を逃しましたが、民進党が2議席取り、一方の自民党は北海道と秋田の各1議席しかとれなかった。やはり、これまでの小泉・安倍政治的な構造改革・アベノミクス路線が、穏健保守層からかなり嫌悪され、そこを野党が取り込んだのだと思います。そういう意味で、私たちの訴えが受け入れられる素地がありました。それは、もちろん沖縄も同じです。

ところが大阪・兵庫では維新が大勝し、東京でも維新から出た田中康夫さんが、民進党の小川敏夫さんと議席を競るところまできた。選挙事情に精通している方に伺ったところでは、田中康夫さんの知名度によるものではなく、維新だから支持された要素のほうが強いということです。

——そうなんですか？　維新でなければもっとリベラル層に食い込んだだろうと言われましたが。

中野　やはり、みんなの党や維新の会といった新自由主義政党に投票していた層が一定あるわけです。対米追随的な構造改革や、経済や軍事面における政策変化に対して、まだ幻想や希望を抱いている層が少なからずいる。大阪などは、貧困や教育政策など、維新の下でとんでもない政治が行われていて、多くの人が「もう維新はごめんだ」と思っているわけですが、それでもまだなお橋下徹的なものといいますか、勇ましいことを言って風穴を開けたり、公務員や弱者を叩いて溜飲を下げるような政治手法がアピール力をもってしまっています。

従来型の保守層とそういった層は分断されていますが、分断によって弱体化しているわけではなく、まだ勢力を保っている。穏健保守層が野党側にある程度なびいてくる状況がつくれていれば、新自由主義的な維新に対抗できます。たとえば大阪都構想の住民投票のように自民党の一部も味方にできれば強いのですが、そうでないとなかなか野党だけでは難しい状況にあります。

ひとつのポイントとして、アベノミクスやTPPといったものになんとなく改革的なイメージをもっている人がまだ根強くいて、そういう層がとりわけ都市部に集中している状況がある。逆に、そういうものはすでに破綻していて、新自由主義では暮らしを立て直すことはできないと痛感しているのが東北各県、そして沖縄。そういう地域で野党側が支持された面があると感じています。

自民党・公明党の危機意識

――いろいろな地方の話を聞くと、自民党、公明党が相当な危機感をもって今回の選挙に臨んでいたことが見えてきました。山口県では56の旧市町村全部に選対ができ、票の掘り起こしに組織がフル回

転したとか、富山県では町内会組織が動かないからといって上から締め付けがあったとのことです。公明党も、埼玉県や神奈川県では安倍首相と一緒のポスターを貼っていました。選挙後に地元の所沢市内を車で走ってみると、農家など従来の自民党支持層のところに全部公明党のポスターが貼られていた。向こうが相当な危機感をもって票の掘り起こしをしていたのに対し、われわれの中ではそこが見えなくて、組織戦では負けたという印象があります。

中野　そうですね。公明党との関係については自民党の中でも不協和音があることの裏返しでもあって、官邸、とりわけ菅義偉さんは公明党との取引きを重視しているので、公明党へのてこ入れは相当意識して行ったはずです。

公明党にしてみれば、複数区で議席が増えたところに新しい候補者を立てて当選させようと必死で、その条件として「自民側がきちんと支援してくれないと全国の他の選挙区で自民党候補者を支援しないぞ」ということがあったと思います。

神奈川においては、自民党は三原じゅん子さんを公認した一方、2人目の公認は公明党に気をつかって菅さんが拒否した。その結果、中西健治さんという候補者が無所属で出て、そこに非公式に麻生太郎さんが売り込みにくるという展開になりました。麻生・菅の代理戦争を、公明党と中西氏のあいだでやったわけです。その結果、それぞれが強力にてこ入れをしたことで両者とも当選してしまい、そのあおりで野党側の当選者は民進党の真山勇一さん1人だけとなってしまった。

福岡においても、ここでは民進党がトップ当選で自民党が2位、公明党が3位でしたが、麻生さんのお膝元の福岡に菅さんが公明党の応援に入るなど、実は水面下ではかなりのねじれや権力闘争を伴いながら、向こう側も必死にやってきたのです。このように自民党も一枚岩ではないし、公明党も自民党に対してより直接に要求を出すようになってきている。政権側にも軋みを残した結果になったことは間違いないと思います。

――自民党は前回比例の得票が約1800万票(34・7%)、今回は約2000万票(35・9%)を超えました。公明党は議席増ですが、増員区になったところで自民党の応援も受けて増やした結果で、比例票は750万、得票率は13・5%(前回14・2%)ですから票としては減らしています。

中野 そうです。逆に言えば、伸び悩んでいる部分は公明党もわかっていた。集団的自衛権の行使容認を柱とした違憲の安保法制を強行したことによる創価学会の離反は現実として相当程度あって、しかし漏れ聞こえてくるところでは、離反者がこれ以上出ては大変だということで、相当に強圧的な態度で引き締めをしているようです。そういう意味でも必死だったと思いますね。

――共産党は伸びしろがあると予想されながら、いまひとつ伸び悩んだ感がありましたが……。

中野 複数区に関して言えば、共産党自体もそうですが、民進党ももっと有権者の信頼を回復していれば、民進党の候補があっさり当選圏内に入って、市民側としては残りの議席で共産党も当選させようという動きがとりやすかったと思います。

――東京型ですね。

中野 そうです。東京だと今回それが民進党の小川敏夫候補に対して可能になったわけですが、千葉・神奈川ではそれができなかった。神奈川で言えば、真山勇一さんはともかく金子洋一さんというのは民進党でも右寄りの方で、それほど市民運動に関心はなかったわけです。本当は、あさか由香さんが中西健治さんを落として当選するのが一番よかったのですが、それが残念ながらできませんでした。どちらか一人しか当選できないのではという読みの下で、野党候補どうしがギクシャクする局面が出てきてしまいました。

東京都知事選挙の残した課題

――市民側にはさらに耳の痛い話題ですが、東京都知事選についてもお伺いします。参院選に続く都知事選挙でも野党4党が統一候補でたたかいましたが、どう受けとめられましたか。鳥越俊太郎さん

の擁立も政党中心で、市民連合とともに擁立するという動きにならなかったのは残念でした。

中野　厳しかったですね。やはりスタートが遅れました。そこは小池百合子さんの計算が当たったところで、彼女は自民党の了解なく勝手に勝負に出たことで、先行して話題をつくった。野党側は候補者選びが難航し、最終版でバタバタと鳥越さんに一本化しましたから、出遅れたうえにしこりが残るスタートになってしまった。そこが厳しかった上に、負けたことでまたそれが負のインパクトをもってしまうわけです。

実際とはちがって、小池さんが改革を志向する女性政治家であり、自民党に歯向かって出馬したという、ミニ小泉劇場的な演出を許してしまった。参議院選の最中からそうした構図がメディアによって増幅され、そのまま逃げ切られてしまったことは否めません。

――自民党からいじめられる、健気な女性というイメージがつくりあげられましたからね。

中野　実態は真逆の、とんでもない右翼議員なわけですが。それが巧妙に隠されてしまった。

野党側の候補者擁立過程に関しては、私はやむをえない事情があったと思います。宇都宮健児さんは相当早い段階から出馬に向けてアクセルを踏んでいて、対して野党共闘を優先したいという野党4党の思いと、しかし直前まで参議院選でみんな必死になっていたこともあり、なかなか進まない中で迷走してしまいましたが、それはやむをえない事情だったと思います。
ただ、結果としてしこりを残してしまったことを考えると、この先は二つのことを肝に銘じなければいけません。候補者一本化の過程で、できるだけ公開性や市民の参加を実感できるかたちにしていくことがひとつ。もうひとつは、やはり政策協定をきちんとやるということです。そこが都知事選の場合には曖昧に見えてしまった部分がありました。候補者を決めないことには話が始まらないので、候補者が決まってから政策を決めざるをえなかった。

――そのプロセスに市民連合が介在できたらよかったのですが。

中野　そう思ったわけですが、市民連合は参院選のために全力で動いていたのでその余力がなく、都知事選の候補者選びにはほぼノータッチでした。ＳＥＡＬＤｓも献身的に全国をかけまわっていたし、とてもじゃないが余力がなかったと思います。

――7月19日に鳥越さんと市民連合の政策懇談会がありました。そのときの写真をフェイスブックにアップしたところ、たくさんの方から「こんなふうに政策づくりしているのですね。これなら信頼できる」といった意見が寄せられた。市民も参加して政策を話し合う姿を、わかりやすく見えるようにすることが大事ですね。

中野　絶対にそうしなければいけないと思って設けた場でした。市民連合は鳥越さんに一本化する過程には関与できていない。あちこちから入ってくる情報を聞いて、候補者の名前が挙がれば、適任かどうかという意見は言いましたが、積極的に誰かを推すということはしていません。結果として野党側が鳥越さんでまとまり、宇都宮さんが出馬を取り下げた。しかも、宇都宮さんは「市民運動の中にこれ以上、亀裂が入るのは忍びない」ということで英断されたと思いますから、自分たちの無力を反省もしながら、その亀裂の修復に汗をかかなければいけないと考えていました。

市民連合としては鳥越さんを支持していくけれども、そのためにまずしなければいけないこととして、真っ先に宇都宮さんに会いに行きました。私はたまたま東北出張で行けなかったのですが、市民連合から佐藤学さんと山口二郎さん（ともに学者の会・立憲デモクラシーの会呼びかけ人）とＳＥＡＬＤｓの諏訪原健さんが会いに行きました。そして宇都宮さんの都政への思いを聞き、「私たちは鳥越さんを支援していきますが、政策に対するアドバイスをお願いします」ということを申し上げた。

次に出したのは、鳥越さんを支持するとともに、今後政策協定を結んだ上で推薦に向かっていくという声明です。政策協定ができてからでないと推薦は出せませんから。その際、鳥越さんに政策の面で曖昧なところが残り、不安の声もあったのは事実です。ですから、私たちにできたのは、ブレーンとなる学者を揃えて、一緒に鳥越都政を支えていきます、ということを見せることでした。

都知事選は大統領選挙と似ています。候補者自身があらゆる分野に精通していればベストですが、そうでなくても、それぞれの専門家が周囲について、それも含めて選んでもらうということです。あの場面をつくったのはそういう意図でした。

——結果、鳥越さんは届かず、宇都宮さんを下ろしたということで野党共闘に批判的な声や共産党批判が市民の中から出ていますが。

中野　野党共闘の疲れが出た面もあると思いますね。共産党の支持層が潜在的に広がり、以前より新しい人が入ってきていることも一因かもしれません。古くからの支持者は党執行部に対する信頼も強いし、大きな方向として野党共闘でいくことへの理解も深い。他方で、新規に参入した人からすれば、「こんなに民進党に譲っていいの?」という不安も抱えながらやってきたのではないでしょうか。

これが、比例区や複数区でもっといい成果が出ていればよかったのですが、結果をみて、あんなに譲ったのに見返りが少ないじゃないかと不満を持った人も中にはいたでしょう。

そこへ宇都宮さんの件が出てきたので、「どうして独自候補でいかなかったのか」となっても不思議ではありません。

もちろん民進党が宇都宮さんに難色を示したから出せなかったわけですが、共産党が宇都宮さんに最後まで付き合わなかったことに対し、やや行き過ぎた批判が出ていると思います。ただ、それは感情的なもので、よいとは言わないまでも、理解はできる部分はあります。それだけみんな我慢してきたということでしょう。

もちろん中には「降りて当然だ、なぜ降りないんだ」などと心ない言い方をした人もいて、それは宇都宮さんに失礼だったと思います。選挙の原点は、出たい人が出るのが基本ですから。支援者も含め、そういう言動には気をつけないといけないし、候補者の一本化を軽く考えてはいけないと思います。

各党を代表して交渉にあたっていた当事者は相当に神経を使いながらやっていたと思います。理想を言えば、時間をかけて、市民に対しても公開性があり、納得感が得られるような統一の仕方を今後は考えるべきですね。今回の過程が不透明だ、非民主的だ、という批判まで出てきてしまったのは、二つの大きな選挙を終えて、市民側もやや気分がささくれ立っていることも一因のように私は思います。

イデオロギーを超えた「共闘」の現場はオール市民の運動という感覚

――1980年代からずっと、国政でも地方でも「共産党をのぞく各党」というように、共産党を蚊帳《かや》の外に置いた合意形成が定着していました。今回、その流れが断ち切られたと言えるでしょうか。

中野 そうですね。国会前などの抗議デモを通じて現在新しく姿をあらわしている市民運動には、共産党の支持者も、新婦人や革新懇といった従来の団体も、もっと広い意味では「九条の会」なども含め、党派を超えた人びとが参加して一緒にやってきました。ですから、市民運動の外に共産党があるという感覚ではなく、すでに一部であるというか、ずっと一緒にやってきて区別しようがないという実感がある。もちろん中には、この人は◯◯党だ、この団体は◯◯党系だといったものはあるとしても、それを理由に切り分けず、そういうところも含めてオール市民の運動なんだという感覚だと思います。

そうした運動の中では、共産党だということがとくに特別なことではない。学生もいて、ママもいて、学者もいて、労働運動の人たちもいて……という中のひとつにすぎず、しかもその線引きは不明瞭でグラデーションの差でしかなくなってきているということでしょう。

それと、各地の選挙運動を通じて聞こえてくるのは、共産党系の人たちが――運動体や党としての活動を問わず――すごく献身的に頑張ってくれたという声です。北海道5区の補選でも言われていましたが、今回の選挙でも、自分の党から出たのではない候補者のためにこんなに動いてくれるのか、と感動しているという人は多かった。それまでの選挙では競合する関係でしたから、お互いが何をどんなふうにするかというのはよく知らなかったのだと思います。同じ陣営を組んで、実際に身近で見ると「ここまですごかったのか！」と、そういう感想はあちこちで聞きます。

――香川県では、全国で唯一、共産党の公認候補が統一候補となりました。

中野　ええ。香川では「ママの会」が元気で、雰囲気もとてもいいんです。お母さんたちにズケズケとものを言われても、みんなあまり傷つかない（笑）。お母さんに小言を言われるのは男性のみなさんも慣れていますからね。「これだと共産党カラーが強すぎるから、ちょっと色を変えたら？」とか、そういうこともズケズケと言う。結果として、より広い層に届きやすくなり、候補者と選対の側も鍛えられたでしょう。民進党の香川県連代表だった小川淳也さんも、これからの政治は市民とともにつくるのだということをかなり明確に意識して、一生懸命にやってくれたようです。

——もとは総務省の官僚の方でしたね。彼は日本共産党の綱領も読んで、すばらしい「確認書」（別掲）をつくったそうですね。

中野　ええ。しかも前原誠司さんや細野豪志さんに近い人ですから、党内でもけっして左派ではない、典型的な民進党の若手議員だと思います。それでも彼の感覚からすれば、野党が分裂していたら絶対に勝てないのがこの選挙だから、きちんと共闘する。共闘する以上は政策もきちんとすり合わせ、互いが納得できるかたちでやっていかなければいけない、と。そのことで相当あちこちから文句は言われたそうですが、初の共闘選挙を通じて多くのことを学んだし、できるようになったという意識が強いようです。

民進党は結局、玉木雄一郎さんのところが最後まで抵抗して香川では自主投票になりましたが、選挙応援には安住淳さんほか国対委員長レベルの人たちが揃って入りました。そういうかたちではあれ、一応は共闘の運動として選挙をたたかったわけです。

「基本的事項の確認書」

本参議院選挙を通して、安保法制の廃止及び憲法違反の閣議決定の撤回を目指す。同時にアベノミクスの失敗と弊害を追及し、安倍政権の打倒を目指す。そのために野党4党の共闘路線を重視し、有権者の正しい理解を求めるため、以下の両者は04年共産党新綱領の趣旨に従い、改めて以下を確認する。
（1）今日の日本社会に必要なのは社会主義的変革ではなく、資本主義の枠内での民主的改革であり、私有財産の保障が基本となる。
（2）平和外交を重視するが、日米安保条約の廃棄や自衛隊の解消という共産党の政策は野党共闘に持ち込まない。
（3）天皇制を含めた現行憲法の全条項を守る。天皇制のあり方は、国民の総意によって決せられるものである。
（4）一党独裁制を否定し、議会制民主主義及び選挙による政権交代制を堅持する。
（5）地方自治の確立、労働基本権の擁護、男女平等、信教の自由及び政教分離原則の徹底を図る。

２０１６年６月３日

日本共産党香川県委員会　委員長　松原昭夫

民進党香川県総支部連合会　代表　小川淳也

――次につながるものが多くあった選挙だったと思います。この流れを衆議院選挙にもつなげたいですね。

中野　目に見える結果として、32の1人区で11議席とったというのは強いインパクトです。複数区でもこれだけの経験を蓄積し、次の一歩では相当な変化を起こせるところまできたということは否定できないでしょう。民進党からみれば、これはもうイデオロギーの問題ではない。共産党との共闘に懐疑的な人も含め、再選したいと思う議員であれば、それを抜きに考えることはできない。勝つために、どうしたら共闘できるのかということが大きな関心になります。

今回、ただ1人とはいえ香川で共産党の統一候補を立てたことも大きかったと思います。今後、衆議院の小選挙区で候補者の調整を考えていくにあたって、いくつかの選挙区では共産党の統一候補も立てるということがやりやすくなってくる。それをしなければ相手に失礼だ、という意識も芽生えてくるはずです。

もちろん、調整がまとまらず、野党どうしが激突せざるをえない選挙区も当然出てくるでしょうが、なるべく早い段階からやっていくこと、そして一本化の過程にできるだけ公開性をもたせて、市民が納得できるかたちでやる必要がある。それは都知事選の教訓です。

新しいリーダシップ像が必要

中野　政党の基礎票が伸ばせていないことは、野党共闘を市民運動が後押しするという現在のかたちの課題のひとつだと思います。市民が表に出てくると盛り上がりますし、新しい感じが出ますが、一方で政党が頼りなく、リーダーシップに欠けるように見えてしまう危険性もある。これは、新しいリーダーシップ像をもっと自信をもって確立していくことで解消できると私は思います。

どういうリーダーシップ像かと言えば、「オレに任せておけ」「オレの好きにやらせろ」というリーダーではなく、応答力のあるリーダーです。聞く耳をもち、それに反応し、さらに自分で何かを加えて応え、また市民から聞くことができる、というサイクルです。一方的に信任してもらってあとは好き放題やる、あるいは「オレの方針についてくるのか、敵対するのか」と脅すようなやり方ではない、コミュニケーションを取れるリーダー像です。

そこに必要なもののひとつは「共感力」だと思うのです。人の言うことをどれだけ聞き、その痛みがわかるか、ということが大きなポイントです。それを聞くことで候補者としても成長し、当選後も信頼をもって応答関係を築けるということを、どれだけ感じさせられるか。一方的に有権者に指図されるのでもなく、政治家が「オレのほうがえらいんだ」と威張るのでもない。謙虚な部分もあり、同時に、期待に応えていくというような。

——そういう意味での応答能力、コミュニケーション能力を、私たち自身も学ぶ必要がありますね。

中野　ええ。しかし、あまり欲張っても仕方がありません。今回が初めてですから、誰もが新しい事態の中で、どうしていいかわからない、誰がここを仕切っているのかわからない、これをしたらやり過ぎか、でもしないとまずいのでは……などなど、みんな暗中模索でやっていたわけでしょう。いさかいもあれば、新しい課題が出てきた部分もあると思いますが、各自の学びも多かったはずです。1回目で望んだ成果がすべて出るということはないので、初の試みでここまでできたということを正当に評価して、浮かび上がった課題に今後向き合っていけば、それでいいと私は思います。

将来を見て、この路線の先に未来を切り拓くことを考えた場合、やはり応答力のある政治家を育てるような市民参加、そして野党のあり方の変化が非常に求められています。民進党も、かつてのようにマニフェストで「われわれが決めたメニューを買うか、買わないか、決めてください」ということでなく、市民の期待に応えて、一皮剥けたところをもっと見せてもらいたいと思います。

共産党の候補は、とくに都市部ではいい候補者が多かったと思いますし、市民と一緒にがんばっている感じはあったと思います。この努力を続けていけば、次はかなりちがった結果が出てくる可能性はあります。まだまだ物足りなさはありますが、スタートしたばかりですからね。これを1回きりに終わらせずに、ちょっと休んで気を取り直して、次をめざせるといいですね。

第2章

新たな「リベラル左派」勢力の再起動

1 リベラルと左派の結集は世界的な潮流

――非共産、共産党排除ということはさせてはいけないとたびたび強く発言をされました。一方では、野党共闘について意識されて発言もされ、動かれたと思います。その連なる思いを聞かせてください。

中野　歴史的にさかのぼって、いまに至る状況がどのようにしてできてしまったかを考えてみましょう。

戦後日本の政治のなかで、革新陣営がかつて健在だったときには、保革の対立があり、革新陣営では社会党・共産党の共闘ができて、全国に革新自治体が広がって大きな変化を生み出しました。日本に限らずフランスやイタリアなどでも同じように革新自治体の広がりが起きており、こうした中で保守政治にどう対抗していくかということに、ひとつの基軸が見えていました。

ところが70年代の後半から80年代に、いわゆる「中道」の成立によって革新が分断され、社公民（社会党・公明党・民社党）路線、あるいは自公民対社公民といった中道をめぐる争いの中で「非共産」という路線が出てきたと思います。その状況が、その後の新自由主義的な転換、いわゆる中曽根政治から労働界の再編も含めて、基礎的な条件を大きく変えてしまった点は踏まえなくてはいけません（巻末資料参照）。

いまの政治が抱える問題を考える上では、世界的にグローバル資本主義が暴走しているということを考慮に入れざるをえません。アメリカ大統領選で躍進した「民主社会主義者」バーニー・サンダースやイギリス労働党の党首になったジェレミー・コービン、あるいは格差論で一世を風靡したトマ・ピケティにも見られるように、世界的にみても左派復権の傾向があるのは理由あってのことです。

日本の場合も、革新陣営、もう少しわかりやすく言えば「リベラル左派」ということになりますが、リベラル派と左派をどのように結びつけ、連合体をつくることで、暴走するグローバル資本主義と、それを利用して頭をもたげてきている国家主義的な動きに対抗できるかということが大きな課題です。

90年代の細川内閣は「非共産・非自民」という枠組みでしたが、もっと前から、政界の中での連合、連立のあり方が狭められてきてしまっていた。そうした状況を今回、打破することができるのか。

共産党がここまで柔軟に、ある意味リベラル側に寄ったかたちで、自らの信念を現代の政治の中で影響力のあるものにしていくために動き出した。であれば、リベラル派のほうも、それをうまく引っ張って、「リベラル左派」連合ができるようにしなくてはいけないと思っています。

「自由の時代」から「反自由の時代」へ

中野 そこでひとつのキーワードになってくるのは「自由」だと思います。

70年代後半から80年代にかけては、まさに革新陣営が分断されて力を失っていく、最初の転換期です。そのとき広まっていたのは世界的な自由化の潮流でした。冷戦の終盤期に入り、その中で経済も社会も緩んでくるというか、多様性や、より自由な空気への希求が西側諸国でも広がり、それに応えきれなかったのが革新陣営の敗因でした。ともすると教条主義的に見え、団体主義、集団主義的で個人が尊重がされていないように見られてしまったことが、左派が古く見える原因だったと思います。

それに対してより狡猾にというか、うまく対応したのが中曽根さんに代表される保守の側でした。新自由主義の方向に転換をしていくことで、自由を掲げ、自由の担い手のふりをしながら、その意味をどんどん経済的な自由に狭めていった。そうした状況下で、革新陣営は新しい自由主義の時代に対応しきれなかったといえると思います。

一方で、対応したかに見えた保守の側も、成功ばかりではありませんでした。ある意味では自由主義の正しさを証明したともいえますが、政治的な勢力どうしの競争がなくなってしまった結果として、保守が劣化していったと言えると思います。革新勢力というライバルがあるときには、保守の側にもある程度タガがはまり、現実的で柔軟な対応をしなくてはならないという緊張関係があったものが、対抗馬が弱くなったことによって、本性をあらわすというか、劣化が止められなくなった。それが極端なところまで露呈したのがいまの安倍政権です。

自由化の時代を契機に変化が始まったにもかかわらず、振り返ってみれば、いまや「反自由の政治」としか言いようがないところまできてしまった。自由主義的な競争が働かなくなった結果、自由を標ぼうしていた政治勢力がかくも劣化したとも言えます。安倍政権に対する対抗的な価値として、個人の自由や個人の尊厳が再びキーワードとして浮上しているのは、このような理由があってのことです。

メタレベルのリベラリズム＝「他者性」の尊重

――「市民派」と言われる人たちが、政党にものを言って政治を一緒に変えようというのは、考えられないことでした。最後は既成政党から離れて自分たちで無所属候補を出すということが多かったですから。そこに歴史的大転換があったのですね。

中野　私は「メタレベルのリベラリズム」という言い方をしますが、要するに、前提としての自由主義――リベラルという立場を自認するかどうかは別にして、保守であろうと共産主義者であろうと、政治の前提をなすリベラリズムを受けいれる人が増えたということです。「メタレベルのリベラリズム」とは何かといえば、突き詰めれば「他者性」を認めるということです。

社会の中には多様な意見があり、ひとつの声に収斂《しゅうれん》されないということが政治の前提であって、そのうえで、それぞれが保守だったり革新だったり、社民党であれ、共産党であれ、民進党であれ、互いの存在と価値を認め、それぞれの立場をふまえて、どうしたら一緒に政治を構築できるかを議論する。それがメタレベルのリベラリズムです。

いま安倍政権にノーを突きつけているのは、こうしたメタレベルのリベラリズムを前提とした人たちです。それは、安倍さんの政治が、メタレベルのリベラリズムを壊すような、反自由主義を体質としているからです。個人の自己決定権をとにかく否定したい。労働にせよ性の問題にせよ、もちろん教育もそうですね。

そうした政治に対して、これは政治以前の問題だ、政治の土俵である立憲主義や民主主義を壊してしまえば、右と左の相撲も取りようがない。そのように考える人たちが、個々の政治信条はちがっても、共通の危機感を表明している。その意味では、安倍政権への批判の広がりは、日本社会で自由主義的な政治の前提が広範囲で受けいれられている証拠でもあると思います。

旧来の保守政治であれば、例えば野中広務さんや古賀誠さんに見られたように、平たく言えばお金によって国民統合を図るということを考えた。彼等は貧富の差を解消しようとしたわけではありませんが、同じ日本国民である以上、どこで暮らしていても最低限の生活はできるべきで、それを実現するのが政治だと認識していた。もちろん、無駄な公共事業やばらまき、金権政治といった側面もあったわけですが、彼らなりに物質的な面で国民統合を担保しようとしていた点では共通していました。

それが現在、金をばらまく代わりに国家主義的なアイデンティティやイデオロギーの押し売りで求心力を高める政治に取って代わられている。やたらと日の丸をかざし、外敵をつくろうとする政治手法に対して、旧来の保守の人は「これはおかしい」「自分の期待していた自民党の政治ではない」と口にするようになった。そうしたことも背景にあるのだと思います。

市民社会は政党を変えられるか

――そうした市民の問題意識は鮮明だと思いますが、それが政党をも変えていくと確信してよいのでしょうか。

中野　市民社会のなかではすでに重要な変化が始まっていますから、大事なのは、市民社会が発展し続けることではないかと思います。先ほどお話しした通り、日本で起きている変化というのは、世界と連動した変化でもあるわけですから。

本来なら、いま起きている市民運動の流れは新党を形成すべきものです。台湾のひまわり運動や、スペインで第三党になった「ポデモス」のように。しかし、日本ではなかなかそうした流れになりにくい。それには理由があります。

日本の場合に忘れることができないのは、世界にはまれなまでに非民主的な、官尊民卑の選挙のルールです。そもそも戦前にベースがつくられた公職選挙法は、有権者に対する不信を基本とした、官尊民卑そのままの法律です。あまりの悪法のために、誰かを恣意的に捕まえようと思えば簡単に捕まえられるのが日本の選挙の実態です。自民党の政治家が支援者にワインを配ったり、お芝居に連れて行ったりしても長年摘発されなかったのに、リベラルや左派が多少でも政治資金規正法に反するようなことをすれば、すぐに捕まえることができる仕組みなのです。

さらに日本の選挙は、新規参入がきわめて難しい制度になっています。供託金の高さも含め、新規参入のコストばかりが高く見返りが薄い。世界的にもまれなほど、現職や世襲議員に有利な選挙制度になってしまっているのです。

こうした理由もあって、本来であれば新しい政党や新しい政治家の登場に帰結すべき流れが、そうなっていない。そうであれば、既存の政党をリサイクルしてやっていくほかないことになります。

しかし、それも簡単な話ではありません。すべての政党にはそれなりの歴史や経緯がありますから、一致したり協力したり、候補者を調整したりするのは至難の業です。新しいものをゼロからつくる大変さもありますが、長年かけてできてきたものをいきなり変えるのも同じくらい大変なのです。昨日のおかずと一昨日のおかずを組み合わせて新しい料理をつくってください、と言われたら大変ですよね（笑）。同じように、野党の共闘でいまの事態に臨むということは、それ以外にやりようがないからやっているというのが正直なところで、簡単に結果が出るとは期待できないのです。

震災に便乗した政治と「がれき」から出発したＳＥＡＬＤｓ

――市民の意識の中で、立憲主義や個人の尊厳ということが現実の政治と結びついていく変化はどのようなきっかけで起こったと思われますか。

中野　やはり、東日本大震災と東京電力福島第一原発事故が大きいと思います。

政治学の中でも危機（クライシス）と政治の関係が取りざたされることが多いのですが、大災害のような危機的状況では、既存の制度や組織が流動化し、その一方でナオミ・クラインン（１９７０年生、カナダ人のジャーナリスト・作家・活動家。『ショック・ドクトリン』岩波書店・２０１１年）が惨事便乗型資本主義と呼んだような強権的な改革が実行されます。日本でいえば、震災に便乗して「トモダチ作戦」などと日米軍事同盟をセールスし、被災地の再建の目玉としてカジノを導入し……など、災害を好機に平時ではできない政策を強行してしまう。アメリカのルイジアナでのハリケーン被害のときにも、そうしたことがありました。世界的に繰り返し使われるようになってしまった、新自由主義のひとつの手口です。

過去の日本においても、１９２３年に関東大震災が起き、その2年後の１９２５年には普通選挙と抱き合わせで治安維持法が通っています。２０１１年の東日本大震災の2年後に特定秘密保護法が強行されたことと、よく似ていますね。さらに、数年後には東京オリンピックも予定されている（１９４０年に開催予定だった東京オリンピックは、日中戦争の影響で返上された）。そら恐ろしい気持ちがします。

こうした惨事に便乗した強権発動には警戒しなくてはなりませんが、他方で、災害発生直後の危機的な瞬間とは、国家機構から見れば「役に立たなくなる瞬間」でもあります。津波が来た瞬間や、大震災ですべてががれきとなった瞬間に、政府や国家権力がない状態を多くの人が体験したというのは、大きなきっかけになったと思うのです。

これは私たち以上に、ＳＥＡＬＤｓの世代によくあらわれています。彼らと話していて強く感じるのは、彼らはある意味、敗戦の１９４５年にがれきとなった東京に立ちすくんだ少年少女たちと同じような原体験をもっているということです。

国家が機能を停止し、統治の前面から引いてしまったときには、ライフラインも機能せず、食料や水にも困り、デマも飛ぶ。そうした状況の下で生きのびるために、どうするかといえば、つくるしかないのです。一切が無に帰してしまった瞬間には絶望に打ちひしがれるわけですが、同時に、生きるためにはつくるしかない、つくるためには他者とつながるしかない、と、否が応でもポジティブなほうに向かわざるえない。「政府が悪い」「世の中がおかしい」と言い出したらきりがないのですが、それを言っているだけでは事態を解決できないので、自分たちに何ができるか、どうしたら助かるか、と考えて動いていく。そうした体験が、２０１１年の3月11日以降の市民運動に関しては、根底にあると思います。

今回の戦争法に反対する市民運動の中でも、反対すると同時にポジティブな方向に向かおうとするエネルギーがあったと思います。戦争法への反対の根底に、個人の尊厳が守られ、育まれる社会をつくりたいという願いがあることが、これまでの平和運動とくらべてもより鮮明なかたちで、若い人たちの声として出てきた。

それは、彼らががれきを出発点にしていることと通じています。震災によって多くの犠牲者が出て、そこから生き延びた者たちが、自らの責任や宿命として新たな社会をつくっていくと考えざるをえない。それは国家権力への反抗だけでは終わりようがないのです。

彼らは東北の出身だったり、祖父母がいたり、ボランティアで被災地に行ったりして、感受性の強い時期に信じがたい情景を受け止めている。「主権者は自分たちだ」という意識もそこに根ざしている。

「誰かやれよ」と他人を批判するのではなく、自分にできることを見つけ出してやっていく。自分たちとちがうやり方をする人たちがあっても、それを批判するのではなく、連帯できるところとは連帯していく。

SEALDsが国会前で「野党は頑張れ」とコールしたのも、リサイクルという言い方を先ほどしましたが、ポンコツで壊れているように見えるものでも他に使えるものがなければ使うという、「がれき」の発想だと思うのです。

――SEALDsの発言やスピーチでは、戦争を体験したおじいちゃんやおばあちゃんの話がよく引用されていました。そうしたものも底流にあるのかもしれませんね。

中野　彼らはある意味、祖父母世代とのほうが通じる部分があるのかもしれないですね。「がれき」の記憶、そしてそこからなんとか新しいものをつくっていくという意識。

私は1970年生まれですから、物心ついたのは高度経済成長も終わりのころ、バブル世代の終わりのほうです。そうすると感覚としては、安倍さんの感覚のほうがわかる

（笑）。いわば「失っていく感」、右肩上がりが当然と思って育ったのに、大人になったらそうでもなかったという世代ですね。同世代は働き盛りで、経団連企業に勤めていればなんの問題意識もなく、アベノミクスでまた日本は復活すると思っている人がたくさんいると思いますよ。でも、そうではなくて、失われた10年、20年の中でずっとネガティブなことばかり聞いて育ち、日本はどんどんダメになっていくという中で育った人たちが、大震災を体験して、古い日本が終わったなら自分たちでつくっていこうという意識をもつ。そのとき励みになるのは、ずっと上の、焼け跡世代の人たちが頑張ってきた姿なのかもしれません。

2 左派リベラル連合を具体化するための戦略

――そうした市民社会の意識の変化が起きている一方、実際の国会では自民党一強の状態が定着してしまっています。どうしたら、現実の選挙結果に市民の声を反映できるのでしょうか。

中野　小選挙区制が導入されて以降、基本的に民主党と共産党は、どちらかがよいときは、どちらかが悪いということを繰り返してきました（巻末資料参照）。

1996年が初めて小選挙区制を導入した選挙でしたが、これは自社さ政権の終わりごろです。96年に菅・鳩山の旧民主党ができていましたが、この選挙では伸び悩み、52議席しか取れませんでした。意外なことに、共産党のほうが躍進したのです（小選挙区で2議席）。

小選挙区制では、共産党のような小政党は議席を取れず、衰退する他ないと予想されていました。にもかかわらず躍進した背景はおそらく、全体として野党間の違いが見えない中で、健全な野党を求める票が共産党に集まったということでしょう。鳩山由紀夫さん、菅直人さんはいずれも細川政権や「自社さ政権」に入っていた人ですから。98年の参議院選挙でも同じような結果で終わります。

その後、98年の参議院選挙から民主党が昇り調子になっていきます。小沢一郎さんが新進党を解党して合流し、2大政党制をめざすなら自民党のライバルになりうるのは民主党だという位置が固まります。その後は民主党に野党票が集まり、共産党は長期低迷の時期に入ります。

郵政選挙で小泉さんが圧勝したこともありましたが、全体的に民主党は善戦を続け、昇り調子でした。そして、ついに２００９年総選挙で政権交代を実現します。ところが、野田政権下での２０１２年12月の衆議院選挙では民主も共産もふるわず、安倍さんの自民党が圧勝するかたちになりました。

ところがその後、直近2回の選挙でいえば、２０１３年参院選、２０１４年12月の衆院選と、共産党が躍進するかたちになっています。他方の民主党（民進党）は低迷し、信頼回復には至っていない状況です。

全体としてみると、民主（民進）と共産が野党票を取りあい、その結果として自公政権が安定してしまう状況がつくられているということです。それを乗り越えるには、互いに食い合うことを避け、野党票を全体として増やす必要がある。今回の参院選で、そのイニシアティブを共産党がとったことは画期的なことだと思います。

「国民連合政府構想」の「先手」が流れをつくった

中野　かりに2016年の参議院選挙でも候補者調整をせず、党利党略だけを考えて臨んだ場合、共産党は確実に議席増を見込めたと思います。それは、1人区でも独自の候補者を立てることで、選挙運動がより広くできるためです。もちろん1人区で共産党が勝つのはほぼ無理に近いわけですが、選挙区での運動を通じて比例票が上積みされる効果があります。加えて、安保法制をめぐる国会論戦の中で十分な存在感を示してきたことも考えに入れれば、無党派の中からも共産党に投票しようという流れは間違いなく一定程度ありました。

ですから、従来通り1人区でも候補者を立てて選挙運動をしていれば、確実に議席増が見込めたわけです。ところが、それをしないということを、国民連合政府という構想を通じて意思表示した。これは大きなリスクを伴う英断だったと思います。狭い党利党略で考えるなら決して自明の解ではないにもかかわらず、それを決断できた背景は複雑だと思いますが、それまでずっと市民運動と一緒にやってきたからこそ、こうした動きができたのだというのは、はっきりわかります。

――国会前などで、「総がかり行動」などが継続して野党と共に活動してきたことも大きかったですね。

中野　そうですね。「総がかり」に限らずですが、さまざまな現場で共産党系の人と市民とが一緒に走ってきた中で、共産党の中でも市民の期待を裏切ることはできないという判断が取れるだけの、いわば社会との接合面が大きかったということでしょう。

もうひとつは、議会内の政党としても、共産党が政党の体をなしていた点が大きいです。9月19日の深夜に可決されたと同時に、いち早く先手を打って今後の構想を示すことができるというのは、政党としての機能のあらわれです。いくら「本当に止める」と思っていても最終的には数の暴力で強行してしまうわけですから、そうなったときすぐに動けるというのは、単に敏感なだけではなく、意思決定の仕組みも含め、政党としてあるべき姿をもっていたのだと思います。

そこで狭い党利党略に戻ってしまえば何もせず参議院選挙を迎えていたわけですが、市民運動の考えていることや要求を感度良く察していれば、1人区では共産党に候補を降ろしてほしいという声が上がってくることは予想できます。仮にそうなると、市民運動側から「候補者を降ろせ」と要求を受けて守勢に立たされることになる。そうなる代わりに、先手を打って、取り下げる用意があると意思表示した。しかし、それには条件を明確にしなければならない。つまり、戦争法廃止のための政府をつくるというビジョンを明確に出すことで、土俵が動いたわけです。

抗議の声をあげていた人たちの中でも、新たに政治にかかわるようになった人たちはあまりわかっていなかったかもしれませんが、法律ができる過程で反対した議員や政党でも、成立後にそれを廃止しようと努力するかどうかというのは別問題だということは、意外と理解されていませんでした。

どういうことかといえば、たとえば民主党のようなところであれば、国会前での抗議の盛り上がりもあったし、野党第一党として法案への反対は十分アピールした。では、法律の成立後もこれを廃止すべきと主張し続けるかというと、決してそうでもないのですね。そんな甘い世界ではない。最近になって政治にかかわりはじめた人たちは意外とそこがわかっていなくて、当然民主党議員はそうするものだと思っていたわけです。

ではどうするのかといえば、単に民主党が勝てそうだから野党の票を集めるというだけではなく、もう一回、戦争法に反対だということに、民主党をコミットさせなければいけなかったのです。

このようにして、民主党と比較すれば小さい政党ですが、共産党が結果として野党が何を協議すべきなのかについてのアジェンダ設定をしてくれました。市民運動との接合面が大きく感度が高かったことに加え、議会内政党としてきちんとした議論をし、きちんとした手続きで先手が打てるような政党としての凝集性や決定能力があったということが、間髪を入れない動きになっていったということだと思います。案の定、法律が通ったあとの民主党は、維新と合併するのしないの解党だの、前原誠司や長島昭久、細野豪志といった連中が出てきて、あたかも大事なことを議論しているかのような、メディアジャックをねらっていたようでした。あのようなコップの中の争いでお茶を濁して、集団的自衛権の行使を含めた違憲の立法を既成事実化して、次を考えましょう、自民党批判も結構だが、いまさら廃止なんて非現実的だという勢力に先手を取らせることを許さなかった。

そもそも安保法制の議論の過程では、国会前の抗議と国会内での審議が連動していた。これは珍しいというか、従来型のデモや国会包囲というのは、昔の60年安保のように「突入しろ」といった話になるので、敵対的な動きになります。そうではなくて、自分たちの代表であるべき人間に「頑張れ！」と呼びかけた。民意がここにあることを示し、それを議場に届けようという意図の下におこなわれていた。それが終盤に「野党は頑張れ」「賛成議員を落選させよう」というコールに変わっていったように、常に院内の動きと連動していたわけです。

19日深夜に採決がおこなわれ、法案が可決したという報告が国会前に届いたときにも、一瞬だけ沈黙があった後に、すぐに抗議の声が続いていきました。法案が成立しても負けて終わりではない、次は廃止のためにたたかっていくのだという、ポジティブな運動がつくれたことは画期的でした。その中で、自然と次の選挙が意識されていたということでしょう。

民進党にいかに「ファイティングポーズ」をとらせるか

――たしかに法案成立後、マスコミに細野さんなどが登場して、安保法から話題を変えるような動きがありました。

中野　「日米安保ムラ」からの使者として、民主党の足を止めさせることに存在意義がある人たちがいるということでしょう。その人たちのミッションは何かといえば、民主党を動けなくすることなのですね。そうすれば既成事実になるわけですから。それが彼らのワシントンから見た利用価値です。自民党にいれば珍しくもない政治家ですが、あえて民主党にいることでワシントンにも可愛がってもらえるわけです。

そうして、第二政党である民進（民主）党に、いわゆる「現実的な」安保政策をとらせ、対米追随路線にコミットさせることがポイントです。本当は、民進党の党内からもリベラル派や左派との連合を組んだほうがいいと思う人たちが負けずに声をあげれば、両者の綱引きで少なくとも真ん中あたりになりそうなものですが、その声があがらない。

リベラル派というのは、知識人でもそうですが、おとなしい人が多いですからね。自民党内のリベラルもそうですが、喧嘩ができる人が少ないのです。佐高信さんなどは珍しい例で（笑）、多少口が悪くても喧嘩して勝てるリベラル派が日本にはいない。政治家にもそうした傾向が強いです。だから、市民運動の側から突き上げていかないとバランスがとれないのです。

私自身は、岡田克也さんにも枝野幸男さんにも、福山哲郎さんなどにも会うたびにいろいろ言いますし、集会や協議の場でもはっきり言います。遠慮していないことの理由のひとつは、自分自身としてはやましいところがない、彼らの邪魔をしているつもりがないからです。彼らのためになることを手伝っているつもりで、そのためには彼らに対しても厳しいことを伝えないと、彼らもポジションを変えることができない。現にわれわれがこうして声をあげてこなければ、ここまでくることもできなかったわけです。

3　お互いへのリスペクトを力に

新旧の運動がリスペクトし共鳴し合うこと

中野　この間、参議院選挙に向けて、各地に「オール○○」「○○市民連合」「○○選挙勝手連」といった連合体が立ち上がり、地域の「総がかり」実行委員会などとも結集することによって新しい状況をつくってきました。いまの政治状況において、勝ち続けているように見える自民党も決して盤石とはいえず、有権者の6人に1人程度にしか支持されていないという現実があります。その中で、野党側も結集して市民が賢明な選択をすれば、十分に勝負になるということが見えていたからだと思います。

政党に対して「受け皿をつくれ」と市民運動の側が求め、その努力を真面目にする人たちが出てきているのは、運動がつくった画期的な成果です。戦後の日本をふり返っても、そのようなことはなかったと思います。

先ほども話したように、世界的にはこうしたボトムアップの、市民社会の側から政党政治を変えていく動きが新しい段階に向かっています。この動きは社会を基盤にしているので、一時的なメディア現象とは違います。実際に個々人が、自分たちで考え、自分たちで動いてきた蓄積が違うのです。アメリカの「オキュパイ」運動を考えても、そこから5年のタイムラグを経ていまサンダース候補支持の全米的な運動になっているわけですから。一過性ではなく、地に足がついた市民社会側からの変革の強みだと思うのです。

――この選挙を通じて、主権者どうしが議論し、多様性を認めつつ、信頼し合って連携していくという意識が、従来の運動層も含めて、深く広がったように思います。次のステップを考えたときの課題をどう思われますか。

中野　私は課題というようなとらえ方はしていません。この間、私が「敷き布団と掛け布団」(注　戦争法反対の担い手について長年平和運動や護憲活動をしてきた人びとを「敷き布団」、「学者の会」やSEALDsやママの会などの活動を「掛け布団」にそれぞれ例え発言してきました)に例えてきたうちの「敷き布団」にあたる運動団体や世代の方々に対しては、基本的にはリスペクトしかないのです。それがなければもともと抗議運動は広がりようがなかったのです。

SEALDsを始めた奥田愛基くんたちも、もともと国会前で抗議行動をしている人たちがいたから、まず行ってみて、自分たちの同世代がほとんどいないことに気が付き、自分たちなりにやってみようという話になったわけです。最初に1人、2人でもいるのは大きなちがいです。運動が盛り上がる前からずっとやってきた人たちは、それだけでだれよりも功績者だと思います。そうした方たちに対して敬意を失わないということが根本で、それが互いをリスペクトしあうという具体例になってくると思うのです。

「敷き布団」の運動体の方たちにも少しずつわかっていただけたというか、そのように自分の中で言語化していたかは別にしても、本来なぜ平和運動や労働運動をしているかといえば、個人の権利や自由を踏みにじったり、その前提となる平和を壊すということに対する怒りがあるのでしょうから、初心に帰るきっかけになっただけの話だと思います。

「総がかり」の方たちからもよく聞きましたが、木曜の国会前行動の後に、お礼を言って帰っていく人たちがいたり、カンパがたくさん集まるとか、自分たちがやってきたことを評価され、理解してもらえるということは、大きなプラスになったはずです。逆にいうと、新しく来た人たちを見て、自分ももともとこういう思いで来ていたのだということを思いだせるきっかけになったのだろうと思います。

それは共鳴していくことなのです。

誰かがより偉いとか、誰かを変えなくてはならないということではない。役割分担として、それぞれ何が得意かということはあります。総がかり行動には辛抱強く毎回参加してくれる人が大勢いる。ＳＥＡＬＤｓはメディアの注目を集めやすい。学者であれば、私たちはいつも、われわれのしていることをどう言語化し、どう理解するのかということ、自己認識としてもっていくために工夫して言葉を紡いでいく必要がある。そうした、それぞれの得意なことを大切にしていくことが大事なのです。

「一人でも」「一人が」声をあげることの重み

中野　学生の中でも、ＳＥＡＬＤｓのような子たちはごく一部で、圧倒的多数はまったく無関心です。斜にかまえたり、冷ややかに見ている人たちもたくさんいます。学者や弁護士だって同じです。

それでも、今回の運動が見せたことは、一人でも声をあげることの重み、そしてそれが蓄積し、つながって広がっていくことで、これだけ大きなうねりになるという事実ですよね。一気にすべてを塗り替える変化ではなくても、じわじわと、少しずつでも、一人でも変わっていくことがあれば、大きな変化をもたらすのです。

その動きは、これまで見えにくくなっていた、多くの日本人の中にある平和への思いであったり、法の支配や立憲主義、民主主義的な手続きを守れという要求を可視化した。もちろん、そうしたことは、なかば当たり前すぎて口にするまでもなかったというのもあるでしょう。しかし、政治的な意思表示や行動に対して忌避が強い文化の中で、何かを考え声をあげるということを当たり前にしつつある。その変化は、いまだに社会の中で続いていると思います。

街頭で署名を募ったり、スタンディングをしたりすることが日常の光景になりつつある。私の息子がいま8歳ですが、私が8歳のときの日本に、そうした光景はおそらくなかったですね。いまの子どもたちが、繁華街や地元の商店街などでそうした人たちの姿を見て、「あの人たちは何をしてるの」と親に聞いてみたり、周囲の人の反応を見たりして、何かを受けとめるでしょう。その子たちが大きくなってから、彼ら自身がおかしいと思ったことに対して声を上げるかもしれない。お年寄りやお母さんから若者まで、声をあげることが当たり前で普通のこと、いつかは自分もするかもしれないこととなれば、敷居がぐっと下がってくると思います。上の世代は、そんな行動をとるのはよほど特殊な人たちだという前提から始まっているのと比べれば、若い人たちのほうが変化は早いはずです。

バブル世代やお年寄り世代も含めて、いま起きている市民社会の変化は、割合から言えばまだまだ一部かもしれませんが、どんどん目に見えて、生活の中で当たり前に感じられるようになり、より共感を招く手法を見出しながら広がっていく。これを止めることはできないし、止まらないと思います。

第3章

「安倍政権」の本質とは何か

1 あらためて「安倍政治」を検証する

第一次政権の反省に立ったマスコミ対策

——ここから、少し選挙の話題を離れて、現在の安倍政権がどのような性格を持ち、その強さと弱さの要因がどこにあるかをお話しいただこうと思います。まず、メディアに対する姿勢ですが、高市早苗総務大臣の「電波停止」発言、これはある程度のシナリオの下に発言されたとみられていますか？

中野　高市さんの場合は確実にそうだと思います。たまたま本音が出たというようなことではなく、総務大臣として、今後そうした方向にもって行くぞという脅しですね。批判を受けても開き直って辞任せず、現実にメディアを萎縮させることができました。これを既成事実として、将来はそれが当然の放送法の解釈だとなるように狙った発言といえるでしょう。官邸の菅官房長官の意向とも連動しているとみるべきです。菅さんは第一次安倍内閣の総務大臣でしたからね。

——戦争法を通過させた後、3月頃からは選挙体制に入り、その前には二つの補選（北海道・京都）もある。そのようなスケジュールを見ながら、メディアの中に「自主規制の空気」をつくるという意図を相当綿密に持っての発言だと見るべきだと。

中野 そう思います。高市発言は、「来るべき発言」だったと言えます。

安倍さんの悲願としての明文改憲を念頭に置くと、まず両院で三分の二を確保すること、そして国民投票で勝つことが条件としてあるわけです。しかし、国民投票で勝てるかどうかというのは不安定要因で、そのためには国民のあいだで自由な議論をさせないことが重要なことになってきます。放送法の解釈や、公共空間や教育現場における「中立性の逸脱」「偏向」に対する攻撃を強めることで、政府の見解や立場に批判的な言説をできるだけ弱体化させておく必要がある。そのための準備として、間違いなくスケジュール感をもってやっていると思います。

――2015年に、自民党の若手議員の学習会で「沖縄の2紙をつぶす」という発言もありました。マスコミ幹部との夕食会も前から行われています。その意味では、自分たちの描いた路線を着々と突き進んでいるわけですね。

中野 その通りです。彼らは第一次安倍政権のときの失敗に学んでいるわけです。第一次での失敗は、条件としては民主党が昇り調子だったという違いがあるわけですが、それも背景にしつつ、事務所費とか絆創膏大臣、「ナントカ還元水」といった大臣のスキャンダルが次々メディアに暴き立てられて致命傷となった。そこで今回は、当時総務大臣だった強面の菅さんを官房長官にすえ、彼を中心にマスコミ対策を打つことが政権運営の根幹をなしている。過去の失敗にも学びながら、これまでの政権にないほどにメディア対策には綿密な手を打っていると思います。もちろん菅さんだけでなく世耕弘成さん（官房副長官を経て経産相）、あるいは飯島勲さん（小泉政権で秘書官、現在は内閣官房参与）など、複数の人間でやっているでしょう。

政権についた当初から知られているのは、首相がインタビューを受ける際、各紙で一緒にとか、順番にとかではなくて、気に入ったところにだけ単独インタビューの機会を与える。これはアメリカなどで使われるようになったメディア操作の手法です。報道側のペースに乗らず、いつどこのインタビューを受けてあげるかということを官邸側が餌にするのです。ある局にはたくさん出演するが、別の放送局にはほとんど出ないといったことを続けて、メディア側を焦らせ、競争させる。政権に批判的なメディアに、なんとかうちの局にも出てほしいという焦りをもたせるわけです。このようなやり方は第二次安倍政権の当初からやっていることです。

それと関係して興味深いケースは外国特派員協会です。ここはもともと記者クラブに入っていませんから、日本のメディア業界の常識は通用しません。内閣改造後の２０１４年秋に、山谷えり子国家公安委員会委員長（当時）が「在特会」（注　特別永住資格をもつ韓国・朝鮮人が「特権」を得ていると主張している団体）の元幹部との関係を取りざたされ、外国特派員協会での会見中に立ち往生してしまったことがあり、以来、政権と特派員協会とのあいだはきわめて疎遠になっていました。

山谷さんだけでなく目玉の女性5閣僚が次々と不祥事を暴かれ、小渕優子さんと松島みどりさんがダブル辞任。にもかかわらず、その後のサプライズ解散で、いわばリセットボタンを押したように政権は求心力を回復してしまうのですが、その際、外国特派員協会からの従来通りの要請に対して、選挙にあたっての政見説明を自民党が拒否しました。これも異例のことです。通常なら解散総選挙となれば、政権与党は世界のメディアに向けて日本政府の政策を発表する機会をフル活用します。しかし、外国特派員協会は失礼な質問をしてくる、日本のメディアのようにコントロールが効かないからと拒否してしまった。現在に至るまで、自民党内から出る人はいるようですが、大臣などの会見は事実上ゼロに近い状況です。それくらい、メディアへの露出の仕方やメッセージのタイミングを計算し、そのコントロールの効かないところには機会を与えない。この政権の性格というか、本質にかかわる点だと思います。

橋下徹さんと安倍首相の親和性

——気に食わないメディアを会見に入れないというのは、維新の会の橋下徹さんもやっていました。

中野　橋下徹さんと安倍晋三さん、菅義偉さんというのは非常に親和性が高いというか、お互いが好きで仲がいい関係です。政治観や政治手法が似ていて、根底の部分で共感するところがあるのでしょう。

橋下的な手法として、安倍政権も多用しているのは、キャッチフレーズを次々と投げ、常に何かを発信し続けるということです。言うだけ言って、検証される前に次の話題を提供すれば、新しい話題を解説するのにメディアは忙しくなる。常に何か新しいことをしている素振りを見せれば、実際にやっていようがいまいが関係ないのです。

橋下徹さんが大阪府知事としても、大阪市長としても、何の成果もないにもかかわらず、なぜか実行力がある政治家であるかのような幻想を抱かせているのは、新しいことをやるときだけ鳴り物入りで始め、その後の成果が問われる前に、あるいは問われだしたら、次の新しいことを言うからです。安倍さんたち官邸は、それをかなり露骨に真似ています。

三本の矢だとかアベノミクスとか、異次元の金融緩和とか、目新しいことを言えばメディアはその解説に時間を取られて、そうしているうちに終わってしまい、批判は加えられない。アベノミクスに関して言えば、自ら掲げたインフレターゲットの目標も満たせていないし、失敗に終わっていることは明らかです。そうした理解は海外では常識になってきていますが、日本国内ではいまだに一定の期待感が続き、それに支えられて支持率も保たれている。

いまの段階で「新三本の矢」の中身がなんだったか、正確に思い出せる人はいませんよね。それでも、気をそらすためにまた違うことを言えばいいわけです。同一労働同一賃金とか、待機児童対策をいつまでにやるとか。辺野古の新基地に関しても、基本的には建設で姿勢は変わっていないのに、一時的に工事を中止するというのを、さも英断であるかのようにプレゼンテーションすることで、穏健な姿勢に見せる。

嘘でもなんでも使って目くらましを続け、選挙さえしのげば、あとは好きなようにできる。分断統治、屈服させるための政治をやっていると言えるでしょう。

2 国家主義と新自由主義の統合＝「新右派転換」

「社会の抹殺」と自己責任論

――安倍政治の性格を、国家主義的な権威主義（専制支配）と新自由主義の合体によって構成されているとも指摘されていますね。

中野 ええ。専制支配もいろいろなかたちを取ります。軍国主義だったり、ファシズムであったり、ソ連型の共産主義支配もそうです。そうした専制的な支配と、もう一方では新自由主義という、より最近の政治のあり方があります。

この二つの共通点は、「社会」の存在を抹殺することです。例えば、専制支配の下では、典型的には秘密警察があり、その監視によって国民は分断され、信頼にもとづく社会が成立しなくなります。隣人が、友人が、家族が、もしかしたら自分を売るかもしれないと考えると人々は孤立して疑心暗鬼に陥り、結社や趣味などを含めて、人が集うことが不可能になります。その結果として、社会というものが壊れていく。

新自由主義を代表するサッチャー（1925－2013年、イギリス元首相）も、「社会なんてものは存在しない」（There is no such thing as society）、あるのは家族と個人だけだと言いました。市場化された社会においては、社会の連帯などというものは不要で、あるのは家族と個人だけでいいということです。

結局そこに共通するものは分断統治、すなわち自己責任論です。個人が被る理不尽や苦境のすべては自分のせいだと一人ひとりが思い込まされ、ばらばらに統治される。これは専制支配においても同じです。身のまわりで急に誰かが連れて行かれたとしても、それに疑問を持つのではなく、何か悪いことをしたに違いないと考え、近寄らず関係を持たないようにしよう、ということになる。

新自由主義の下でも、誰かがホームレスになったり、失業したりしても、それはその当人の責任であって他人や国を頼るのはおかしいということになる。ポイントは、社会の構造を見せないようにすること、「社会」という概念や言葉をないものにしてしまうことです。

いま日本では「社会」が死語になりつつあるともいわれています。かつては「社会科学的」といえばマルクス主義的な考え方をいいましたが、社会の構造や因果関係を考え、なぜこのような問題が起こるのかと考えることをさせたくないわけです。それが自己責任や分断統治を補強します。

誰かが不幸になるのも個人の責任であり、その人が努力しなかったからだ、リスクを考えなかったからだというように、個人責任に落としこんでいくことで、社会構造の問題や、それによって起こる貧困や暴力の問題を考えさせまいとする。そうすれば、階級意識や労働者の連帯といった発想も生まれません。

こうした分断統治の結果、誰もが被害者意識をもつと同時に、誰もが自分を責める。被害者意識を背負っているから、誰かが苦境を訴えて声をあげると「俺のほうが苦しいのに、誰かを頼ろうなんて厚かましい」と足の引っ張り合いを始める。支配する側にとってはとても便利なことです。

政治の場にも蔓延《まんえん》する新自由主義の思想

――そうした発想に根ざした政治が、現在のような政治の劣化をつくり出したわけですね。公務員に対しても、国民全体の奉仕者といった理念ではなく、選挙で選ばれた首長に従って仕事をすればいいという意識にさせられています。

中野　経済思想としての新自由主義が広まっていく過程で、政治も新自由主義化してきているというのが重要な論点になってくると思います。

経済の新自由主義化とは、まず公共サービスの民営化（私営化）、そして「規制緩和」の名の下での行政の撤退と企業の参入だとされます。しかし、私がそれより重要だと思うのは、その過程で同時進行的に、公共セクターの残る部分も新自由主義化されるということです。

あらゆる公共的な分野で、企業的な統治モデルやマーケット（市場）での競争という擬似的な比喩が、あたかも万能であるかのように適用され、「官から民へ」つまり私企業に明け渡していくべきだといった思想が蔓延しています。最近では、水道や図書館といった公共的なサービスまで民営化すべきだという思い込みに立った政策が、いかにも「改革」であるかのように標ぼうされ、推し進められています。

加えて、民営化されずに残った公共セクターまでも、企業統治モデルによって再編成されるというのが新自由主義の恐ろしいところです。総理大臣から各省庁の大臣、自治体の首長までが企業のＣＥＯになぞらえられ、本来であれば民主的な統治の原理が優先すべき空間が、「理念でなく結果がすべてだ」という考え方に染められていく。それは、最終的に社会を抹殺し、「政治」というものをなくしてしまおうという動きだと思います。

政治というものは、本来はどこかで終わるものでも、たまに起こるものでもなく、果てしなく継続する対話のプロセスなのだと思います。

マニフェスト選挙というのは民主党が提唱しだしたものですが、選挙のときだけメニューを見せて「契約を結びますか、結びませんか」と問うのは、本来の政治のすがたではない。それでは、主権者が主権者でいられるのは選挙のときだけで、その後は契約の履行を待つだけのサービスの受け手、顧客になってしまうからです。しかも、選挙のときでさえ、マニフェストというサービス目録の競争を見させられるだけで、やはり客体にすぎません。有権者は常にお客様のままというのが新自由主義の政治のモデルです。それが気に入らないのであれば、これまた橋下さんの得意なフレーズですが、「選挙で落とせばいい」と言うわけです。

しかし、この言葉が隠しているのは、選挙のマーケットというのは本当の自由なマーケットではなく、寡占、独占市場と言うほうが現実に近いことです。しかも情報が一方に偏ったり、ねじ曲げられたりすることで、自由な市場原理が働くとは到底言えない場であるにもかかわらず、それが偽装されてしまっているのです。

興味深いのは、2013年春ごろに安倍政権が「96条改憲」を言いだしましたが、それが現在まで続く橋下さんとの蜜月の中で出てきたということです。当時の維新の会が96条改憲を主張していたので、維新と仲良くしたい安倍さんがそれを取り上げて言ったわけです。

この「96条改憲」は、新自由主義的な改憲論の典型だと思います。憲法が立憲主義に基づき、権力にタガをはめて個人の尊厳や自由を守るためにあるということを理解していれば、96条改憲がありえないということがわかるはずです。単純な過半数で改正を発議できるような憲法では、立憲主義に基づくとはいえないからです。橋下さんは、憲法を権力者を縛るものではなく、権力による統治の道具とみなしているのでしょう。

「永久改革」が新自由主義の宿命のひとつです。「改革がうまくいっていないのは改革が足りないせいだ」と言い続ける。思うように変わらないのは道具が悪いからだというわけで、橋下さんは大阪の二重行政に八つ当たりし、あるいは労働組合を敵視し、自分がやるべきことをできない責任を道具のせいにして回避するわけです。

契約に基いてサービスを提供するという擬似性をとりながら、改革が失敗するのは改革が足りないからだと、永遠に前進するふりをしつつ後退し続けます。それでも、橋下さんのように改革者としての偽装がうまい人は、一見何かをしているように見えるので、昔のままよりはましだ、対案のない野党よりましだ、といった論法で、相当に長いあいだ支持され続けるのでしょう。

世論調査の結果などから、日本には、ある意味でアメリカ以上に新自由主義的な意識が行き渡ってしまっていると言われることがありますが、残念ながらそうした事実はあると思います。

3　専制支配と新自由主義の結合による政治の劣化

企業はサイコパス?

——新自由主義と政治の劣化についてもう少し詳しくお聞かせください。

中野　私は先ほど政治の「新自由主義化」と言いましたが、内田樹（1950年生、思想家・武道家）さんは「株式会社化」と言っています。

「法人」という言葉があるように、企業をひとつの人格としてみるのは、英米法の流れです。それまでは個人しか法の中で取引できなかったものが、結社としての企業に法人格を与える（incorporate）ことで、人格化されて取引ができるようになったのです。これが株式会社の誕生です。

『ザ・コーポレーション』（注　The Corporationはカナダのドキュメンタリー映画）というドキュメンタリー映画がおもしろいのです。

これは企業を文字通り人格ととらえるとどうなるかを検証したものです。

企業の行動を一人の人間とみなして精神分析すると、ほぼサイコパス、つまり病的に破綻した人格だという診断が出た。自己中心的、常に他人を責める、都合の悪いことは他人に押しつける。果ては集団虐殺などをしかねないような、完全な狂人として診断されたということです。

企業の行動基準は自己利益の最大化ですから、例えば怪我をした人、体調を崩した人は無用だと判断する。利益の最大化に資さないわけですから。労働力として使いやすい人だけ安く使い、使い捨てるほうが効率的ということになる。

経済学的にいうとコストの「外部化」です。人を育てたり管理したりといったコストはできるだけアウトソーシングするのがいい。そうすれば責任を回避できる。

企業の論理ではこれが当たり前のことで、その中で自己利益の最大化を図るのです。

これを社会全体に広げると、市場の中で解決できないことは公共セクターに尻拭いさせろという話になる。

儲かりそうな部分は民営化して、収益の上がらない分野だけ公共セクターがやればいいというわけです。

ただし、こうした論理を国家機構が取り入れるとどうなるでしょうか。

いわば、他者と社会的に共生できない人格破綻者を国家機構の中に入れることになるわけです。

当然のことながら、自己中心的で、自分の意に沿わない者や弱者は排除するというようなことでは、国家として機能するわけがない。お年寄りや子どもなど、社会の中に当然に存在する人びとを、コストのかかる厄介者として外部化することは、本来できるわけがないのです。

ところが、企業の論理の下では、そのような「金儲けにつながらない」人たちは公共セクターにどんどん排除されていく。わかりやすい例で言えば、街のあらゆる空間が企業に占有されることで、野宿者が行き場を失い、公園にしか居られなくなる。しかし、その公園も渋谷のナイキパーク（旧宮下公園）のように民営化され、そこからさらに排除される。そうした過程が、私営化による公共性の喪失、企業モデルに基づく政治手法によって進められます。

公共空間が企業の論理によって再編成されていくことは、究極的には、人間のありようを根本から否定するものになってしまう。人間が本来もつ多様性とか、民主的な決め方といったものはますます邪魔になり、いわゆる「決められない政治」と揶揄されたり、「抵抗勢力」として攻撃の対象になったりするわけです。

「世界一企業が活躍しやすい国」の不自由さ

――行政や政治の役割は、多様な人たちの存在を認め、その意見を聞きながら一歩一歩進めることだと思うのですが、そこがなくなってしまうということですね。

中野　ええ。新自由主義の下では、本来の存在意義や役割が違うところにまで市場原理が入ってきてしまうわけです。冷戦の崩壊後、左派的な思想や意見が弱まり、ライバルがなくなる中で、「この道しかない」と新自由主義が我がもの顔でふるまうようになり、腐敗していく状況が生まれました。

新自由主義というものは、もともと自由主義＝リベラリズムの一派です。ところが、経済の自由、しかも経済的に強いアクターの自由だけが最大化されていくところが、本来の自由主義から乖離してしまっている。

安倍さんは演説の中で「日本を世界一企業が活躍しやすい国にする」という政策目標を堂々と語りました。それは自由のなれの果てであって、容易に反自由に反転してしまう。もっとも権力があり、もっとも富めるものの自由を最大化するということは、その他の人びとの自由が損なわれる状況になるわけです。もはや自由主義の敵となるところにまで新自由主義は劣化してしまったと思います。

政治の世界においても、中央省庁の再編による内閣機能の強化とか、小選挙区制の導入によって派閥が弱体化し、政党の中で中央集権化が起きました。それらは、最終的には二大政党による競争でつじつまを合わせるという約束だったわけですが、実際にはそうはなりませんでした。

小選挙区制では政権選択の選挙になりやすいので、二大政党が政策を出し合って競争し、有権者がよりよいほうを選んで政権に据えるのだという理想論が語られましたが、そうならない。なぜかといえば、選挙のマーケットは自由なマーケットとは程遠いからです。寡占市場、いまの状態は独占市場とも言えるでしょう。

独占市場を維持したい企業はどうするか。ライバルが永遠に登場しないことを確実にするのが一番いいわけで、そこで消費者のために行動しようなどとは思わないわけですね。いまの自民党も、より多くの国民を幸せにしようなどとはまったく念頭になく、野党が二度と立ち上がれないように徹底して叩きのめそうと努力している。それさえ確かにしておけば、永遠に政権にいられるわけですから。これは、独占市場における企業のふるまいとしてはごく当然の行動ですが、国政を担う政権としては、きわめて歪んだ行動だということがわかるでしょう。

新自由主義と地方自治

――地方分権が長年叫ばれてきたにもかかわらず、できあがったのは中央集権化のいっそうの促進でした。地方自治という切り口からは、現在の政治をどうご覧になりますか。

中野　村山内閣から橋本内閣への交代に際して、「平成の大合併」を踏まえたうえで地方分権を推進すると銘打って改革を行いましたが、それが同床異夢だったことが大きいと思います。

当時、いまほど新自由主義が劣化する前であっても、新自由主義の負の側面は見えていました。そうした両面性は、のちの鳩山政権でうたわれた「新しい公共」の陰にも見え隠れしていました。

英国のブレア労働党政権も「第三の道」といって新自由主義的な手法を取り入れましたが、こうした折衷《せっちゅう》的な議論の中には、つねに同床異夢というか、相反する思惑がごちゃ混ぜになっているのです。地方自治についても同じだと思います。

一方では、より住民自治を実現する方向として、住民が主役となって地域をつくれるよう、住民に近いレベルでより多くの決定ができる仕組みをつくるという理念があります。

そこには、住民が自ら主権者として地方政治にかかわっていく可能性がなかったわけではありません。

しかし、実際に何が行なわれたかといえば、公共セクターが本来の責任を回避し、地方のことは自分たちでやりなさいと突き放す側面も、やはりあったと思います。

地域の住民が主体的に地域づくりに関与するのはよいことだ。それはその通りですが、他方では財政再建やコスト削減も同時にやってください、というところに新自由主義の両面があらわれるわけです。

結果として、より身近なレベルでの住民自治が実現するような枠組みができれば成功なのでしょうが、多くの場合はそこではなく、一層のコストカットや負担の押し付けが進み、結果としては中央の意向に沿う方向で、以前よりも管理が強化されるといったことが起きがちです。

そういった負の面に陥らないためには、最低条件として、リベラル左派側の市民とのかかわりがかなりの程度必要です。そうでない限り、地方分権という名の「理想論」の危ない話だというのが一般的には言えると思うのです。

4　政治の簒奪《さんだつ》に対抗する「連帯の名乗り」

――政権に批判的な映画の上映や「戦争展」などに対して、自治体が後援しないとか、公共施設を貸し出さないという対応も広がっています。「国論を二分する問題なので」といった理由で。住民のあいだで、いろいろな意見が自由に議論されることを促すのが自治体本来の役割だと思うのですが……。

中野　結局は政治観なのだと思います。橋下徹さんと安倍さんという一見タイプの異なる政治家が、実はきわめて親和性が高い理由でもありますが、新自由主義と復古的な国家主義に共通する政治観ですね。

それは何かといえば、それぞれに多様性や尊厳、自由をもった個人が集まることによって社会を構成するという政治観ではなく、政治とはすなわち統治であるという政治観です。強いものが弱いものを従わせることが政治の本質だということ。そうした見方に立てば、何が「政治」かを規定するのは権力者だということになる。

その典型は、小泉純一郎さんが靖国参拝を繰り返して批判を受けたときに「心の問題であって、政治問題化すべきではない」と言ったことですね。普通に考えるなら、あえて靖国を参拝して、ことを政治問題化したのは小泉さんです。にもかかわらず、靖国を詣でることは「心の問題」であり「個人の自由」であって、それを批判する側があえて政治問題化しているのだと描いてみせた。こうしたレトリックによって、何をもって政治とするかを規定するのは、権力者である小泉さんだと宣言したわけです。

安倍晋三さんをここまで取り立てたのは小泉さんだったわけですが、彼もまた新自由主義的な政治家でありつつ、このような政治観に立っていたといえると思います。

そして、それとまったく同じレトリックは、近年の放送法にかかわる「中立性」の解釈や、公共施設で「平和」や「反戦」を掲げることさえも「政治的」だとして排除されるような現状にも通じています。すなわち、政府に楯突くことや権力者の意に反することは「政治的」だということになっていく。

「まつろう」「まつろわす」の政治観

中野　丸山眞男（政治学者、1914年－1996年）によれば、政治をあらわす「まつりごと」という言葉のルーツは「まつろう」「まつろわす」という言葉にあるそうです。「まつろう」とは従う、たてまつるということですから、政治の根幹にあるのは「たてまつり、たてまつらせる」ことだというのが、日本語の古層にある考え方だというのです。

「まつろう」「まつろわす」とは、侍の語源でもある「さむらう」「さむらわす」と同じ言葉です。日本の保守派は、なにかというと政治家を侍に例えるのが好きですが、なぜ侍というかといえば、殿様に「さむらって」いるから。つまり、偉い人のそばについて従う人、雇われ人ということですね。それが政治の本質だという見方があるわけです。従い、従わせるのが政治だという日本語の古層からの政治感があり、それは新自由主義の勝ち組・負け組思想や自己責任論とも、復古的な国家主義観とも共鳴する。教育勅語に象徴されるような、自ら国家の意向を忖度《そんたく》し、国家のために命をすすんで差し出しなさいという国民像は、まさに伝統的な「まつろい」「まつろわせる」政治観の下にありつつ、新自由主義とも親和性をもっていると思います。

目上の人、権力をもつ人の意に反するようなことを公共の場でわざわざ言うのは「政治を持ち込んでいる」「偏った意見に立っている」ので問題だということになる。この場合、政治的であることは征伐の対象になることを意味します。かつての「まつりごと」の内容とは、上の人、究極的には天皇をまつろい、場合によっては蝦夷《えみし》のような野蛮人を征伐しに行くということでした。それが侍の役割でもあり、その筆頭である将軍はまさに「征夷大将軍」であったわけですね。

このような思想の基盤を、戦前の日本で担ったのは靖国神社でした。そこにあったのは、皇国日本がたたかう戦争は、すべて自存自衛の戦争だという論理です。日本は平和を願っているにもかかわらず、その平和を乱す連中がいるから成敗に行くのはやむをえない。それは自存自衛のための戦争であるから、政治的にも正しい戦争である、と。このロジックは現在の平和安全法制にもつながっていますね。

このようにして、脈々と続く政治観があり、それに立てば、公共空間において何が政治問題なのか、やっていいことか悪いことか、なにが偏向なのかを決めるのは権力者の側であるという高市発言にもつながるのです。

公共空間における「政治」の復権を

——今回の参議院選挙では18歳選挙権がひとつのトピックでしたが、出口調査では18・19歳の投票先のトップが自民（40％）、改憲への賛成も46・8％ということでした。

中野　小学校から中学校、高校まで、政治的なことに関わるなとさんざん言っておきながら、いきなり投票権だけ与えて、政治的に目覚めた主権者として振る舞えなんて無茶というものです。

高校生からすれば、急に言われてもどうしていいかわからない。文字通り、右も左もわからないというのが普通だと思います。自民党に入れた理由を聞かれて、「自由」と「民主」があるからいいと思った、という笑い話もありましたが、そういう高校生も間違いなくいたと思います。

――「いつもテレビに出てくる安倍さんが一番いいと思った」という人もいたそうですし。

中野 ええ。安倍さんを保守ではなく改革派だと思っている人もいる。いまの教育環境の下で政治的な成熟を求めるのはほとんど無理で、それで突然投票しろと言われれば、ああいう結果になったことに私はそんなに驚きません。

逆に言えば、これからが問題です。今回初めて18歳選挙権になったということでメディアも大騒ぎしましたが、これからの内実をつくっていくためには、公共空間や学校において、政治的なことについての国家側からの抑圧を許さないことが大事です。

参議院選のさなかに、自民党のウェブサイトに教員の偏向教育を通報させる「密告フォーム」が作られて騒ぎになりました。激しい批判を受けたにもかかわらず陳謝はなく、「たくさん事例が集まったので」という理由で閉鎖したそうです。そうやって、政治的な中立性というものを自民党や政府が恣意的に判断し、魔女狩りのように密告を奨励する環境の下では、高校生も含め若い人たちが主体的に政治を考え、行動し、意見をもつなんて無理です。

それに対抗するためには、私たちが生活の場においても、地域レベルでも、おかしいと思ったことには声をあげ、自由と民主主義の基盤の上に多様な政治的意見があるのは当たり前で、政府の見解を押し付けるのは中立でもなんでもないということを、きちんと訴えていかなくてはなりません。それを怠っていると、国家権力のペースで、ますます独りよがりな政治の押し付けが展開していってしまいますから。

「連帯の名乗り」という抵抗運動

――新自由主義による分断統治に対抗するためにはどうしたらいいのでしょうか。

中野　こうした流れ、新自由主義の猛威が経済や社会を壊した現実が、日本だけでなくて世界的に同時進行して各所で露呈しています。

新自由主義がどのように経済や社会を壊すかといえば、分断して壊すわけです。同じ職場の労働者であっても、雇用形態に差をつけることで労働者が分断される。自己責任論で分断され、孤立させられて「自分のせいだ」と思い込んでしまう。それによって団結することを防ぎ、労働運動などの抵抗が削がれていきます。一方で、消費者としての個人の自由は過度にもてはやされ、経済的活動や商品を買う自由だけが煽られていく。しかし、結局のところそれは、企業のつくった枠内での自由にすぎません。

興味深いのは、それに対していま、世界各所でリベラル左派による反撃が始まっていることです。ヨーロッパではＥＵが押し付ける緊縮政策に対するギリシャやスペインでの抵抗運動があり、イギリスではオールド左翼と称されたジェレミー・コービンが労働党党首になりました。アメリカの大統領選挙でも、民主的社会主義者を名乗るバーニー・サンダースが若者から圧倒的支持を受け、ヒラリー・クリントンを追い込みました。

そうした一連の流れの中で、ひとつ目を引くことがあります。私は「連帯の名乗り」という言い方をしていますが、「名乗り」というおもしろい修辞法が使われているのです。

かつてアメリカ大統領のケネディが、東西に分断されたドイツの西ベルリンで「私はベルリン市民だ」と言った。事実として彼はベルリン市民ではないのですが、そう言うことによって、西ベルリン市民に向けて連帯を示した。自分のアイデンティティでないものを自分のアイデンティティだと言う、ひとつのレトリックなのです。これと同じような修辞法が、近年あちこちで見られることは、偶然ではないと思っています。

バーニー・サンダースを支えた運動の源流は2008年の金融危機に端を発した「オキュパイ運動」ですが、そこでは「私たちは99％だ」というスローガンが掲げられました。1％の富裕層に対して私たちは99％だと。その「私たち」に名前はないが、あえて名乗るとすれば「99％」だということです。

黒人か白人かヒスパニックか、女性か男性か、性的マイノリティかどうか、そういったアイデンティティを超えて「私たちは99％だ」と言う。既存のアイデンティティをまたぐ新しいアイデンティティを模索するような名乗りです。

同じように、例えばパリでシャルリー・エブドに対するテロ事件が起きたときに、「私はシャルリー」というスローガンが広がった。あるいは「私はアフメット」（テロによって殺害されたムスリムの警官）と言った人もいました。これも連帯の表明です。

それと同じ形で、日本で最近出てきたのが「保育園落ちたの私だ」ですね。「保育園落ちた日本死ね！」という匿名のブログに対して、自民党の政治家が「匿名なんだから本当かどうかわからない」という的外れな反論をした。それに対して、Twitterで「保育園落ちたの私だ」というハッシュタグ（注　#［ハッシュマーク］の後にキーワードを付けることで「つぶやき」を関連づける機能）が広がり、さらにそれをプラカードに掲げて国会前のスタンディングが行われるまでになりました。

ここで「私だ」と声をあげた人たちが、本当にいま現在困っている当事者かどうかを問題にするのは、およそ的外れです。あれに共鳴した人は、保育園に入れた人であろうが、あるいはかつて保育園に通った人であろうが、「保育園落ちたの私だ」と思っているのです。自分も一歩間違えばいつでもそうした状況に陥っていたはずだ。新自由主義に侵食された社会で、自己責任論による分断ではなく、誰もが同じ運命を共にしているのだと連帯表明することが、抵抗運動のひとつのかたちになっているのです。

考えてみるとおもしろいのは、昨年生まれた戦争法に反対するさまざまな団体も、ＳＥＡＬＤｓはじめ、学者の会、ママの会、ミドルズ、オールズなどなど、みんな名乗っているのですね。自分は学生だ、ママだ、学者だと名乗ることを通じて連帯するのです。

そうしたかたちで、既存の分断されたアイデンティティを乗り越え、新たな連帯の名乗りを模索する。新自由主義による分断統治に抵抗する手段として、そうした方法が世界各地で同時多発的に浮かび上がってきているといえると思います。それが現状に対する人びとの怒りをうまくとらえれば、既成の権力に大きなノーを突きつけるきっかけになるはずです。

それだけに、権力の側としてはできるだけ国民を分断し、そうした問題に焦点化させないような争点はずしも必死になってやってくるでしょう。現在の安倍政権も、同一労働同一賃金や「女性活躍」などと言ってみたりしますが、もともとやる気もないし、市民が願う方法では絶対にやらない。シンボルとなるような言葉やスローガンを盗むことで、与党対野党のコップの中のたたかいに矮小化したいのです。

与党対野党のたたかいというのは、最初から与党に有利にできています。現に政権にあって予算や権力を行使する権限がある与党と、なんの力もない野党とでは、はじめから違う。そこで「どちらを選びますか」と問うかたちにしたいわけです。「この道しかない」、自民党以外の選択肢はないとして、野党を揶揄し、貶めることで分断統治するのです。

現在のように自己責任論が蔓延し、政治に対する期待がなくなり、野党が分断され、投票率が低ければ、何度やっても自民党が勝てます。国民全体を代表したり、より多くの人を代表することによって政権を維持しようなんてことは最初から考えていないのでしょう。

「連帯の名乗り」が社会を再生する

中野　それに対する「連帯の名乗り」は、自分自身のアイデンティティとは異なるアイデンティティをあえて名乗ることによって連帯の意思を表明し、水平的な方向で社会を再生させようという動きです。

自己責任によって分断され、アイデンティティのタコツボに入った状態を乗り越えて「保育園落ちたの私だ」と言うことによって、あなたの問題は私の問題でもあり社会の問題なのだと言って、そこに「社会」をつくるのです。一人と一人がつながるだけでは線にしかなりませんが、複数の人どうしがつながれば、面になり場ができる。

「私はママだ」「私は学者だ」「私は学生だ」などと名乗りながら、しかし私はあなた方と連帯する、という「連帯の名乗り」をする人が次々出てくることによって、そこに社会が生じます。社会を抹殺したい専制支配や新自由主義の分断統治に対する対抗策として、おそらく多くの場合は無意識でしょうが、人々が「連帯の名乗り」をあげ、社会を再生しようとしているのです。

声をあげることは何かを変えるためですが、声をあげ、つながることによって、すでに変化が起き出している。「あなたの痛みは私の痛みでもあり、私はあなたなのだ」。事実としては「私」は「あなた」ではない。もし本当に「私」が「あなた」だったら、それは発話行為として意味をなさない独り言にすぎません。しかし、異なるアイデンティティをもつ「あなた」に「私」を重ねることで、そこにつながりができる。美しい日本や○○株式会社といった既存の共同体ではなくて、最終的にどんなかたちを描くかわからない、しかしその分無限に広がる可能性を秘めた連結です。

あらかじめ血縁や領土や所属によって決まった枠組みの中での共同体ではなく、「私はあなたとつながっている」という名乗りが連鎖することで、連結点が増えてネットワーク型に広がってきます。分断統治によって個々の自己責任に帰結させられ、抹殺されかけていた「社会」というものが、個々人の取り組みによって再びつくられていくプロセスです。

——自分たちにふりかかる困難が、社会の仕組みや政治の仕組みによって起きる問題だということを自覚する人たちを増やすことが第一歩ですね。それが分断政策に対抗する足がかりになる。

中野　ええ。働く権利や、子どもがきちんと教育や保育を受ける権利が損なわれていることに対して、どんな社会構造に原因があり、どう解決すればいいのかということを考えるつながりの第一歩が、そこでできるということです。

これは、保守の側からするともっとも恐ろしいことだと思います。国民それぞれが分断されたまま、「分相応」に振る舞っていてくれれば安心なのですが、そうではなく、お互いの立場に連帯し、社会の構造的な問題に目を向けるようになれば……ドミノ倒しのように、つながったものどうしが、あるとき一挙に波及していくということが起こるかもしれません。

こうした動きは、現在のグローバルな寡頭支配に対しての、市民社会からのたたかい方となっていると思います。

尊厳が奪われた状態に対して憤ること

――それが2章で語られた「メタレベルのリベラリズム」とつながるわけですね。

中野　個人の尊厳を奪われていることに対して憤るということは、メタレベルのリベラリズムの原点です。尊厳という言葉は英語でdignityと言いますが、もともと誰もがもっているものではなく、身分制時代の言葉です。貴族や王には尊厳がありましたが、農民や奴隷には尊厳はなかったのです。民主化のプロセスとは、身分にかかわらず、誰もが尊厳をもつ存在だということが認められていく過程でした。

自由民主主義の発展の根源には、個々人がみな尊厳をもつという発想があります。その尊厳が踏みにじられているときに人びとは憤りの声をあげる。フランス革命では、民衆が食べるものがない一方で王族・貴族が好き放題をやっていることに憤った人びとがバスティーユを攻撃しました。それは、自分たちも尊厳に値する個人なのだという、ひとつの主権者宣言をしたのです。

「憤る」ということを平民がしてもよいのだ、ということ自体が画期的でもあったのです。「憤る」という言葉は、英語でindignationですが、これはdignity（尊厳）が否定されたことを意味します。尊厳が否定されたとき、まともな一人の人間として相手にされなかったときに、人びとは憤るのです。

それは、私たちの日常的なレベルでもあることですね。例えば会社の上司に何かを持って行ったときに、こちらに目もくれずに「そこに置いとけ」とか言われたらムカッとするでしょう。それは一人の人間として扱われていないという感覚から来るものです。

しかし、そのような尊厳とは、必ずしも誰にも平等に認められていたわけではなかった。家畜と同じように扱われていた人間が大多数だった時代があったのです。そうした「ただの人」にも、憤りを感じる資格があり、不当だと声をあげる権利があるのだということは、人類が人権を獲得していった時代の動きと一緒になっています。そうした意味で、憤りの声をあげ、名乗りをあげることは、自分は尊厳に値する人間なのだと言うことでもある。

そして、それに呼応した人びとが、「あなたが尊厳に値する個人だと私も思う」と連帯を表明する、そこに「社会」が生まれるのです。

主権者意識に根ざした「育む」運動

中野　こうした動きについて、例えば「カウンターデモクラシー」という言い方をする人もいますが、私はその言葉は適切ではないと思います。なぜなら「カウンター（対抗）」ではなく、こちらが本家だと考えるからです。政治の運営を委託した代理人が暴走しているときに、本来の主権者である人たちが姿を現すことによって、代理人の存在を無効だと言っているわけですから。

いわゆる対抗運動、抵抗運動の中でも、主権者意識が非常に強まり、私たちの政治なのだから、私たちが担いつづけなくてはいけないという意識が芽生えている。戦争法が可決されたときも、通ってしまったから家に帰って普段の生活に戻るかといったら、そういうわけにはいかない。そんなつもりの人は誰もいなかったわけです。

脱原発運動が、一部のマイノリティや当事者が声をあげることで精いっぱいだったような時代から、3.11を経験することによって、自分たちも被害者であり加害者でもあるというマジョリティとしての意識に立つ運動に移行していった。そのなかで、無関心な人たちを招き入れようとする抗議行動のスタイルも模索され、より多くの人が参加できるようになっていった。そうした延長線上にある現在の運動は、かたちの上で反対運動、抵抗運動ではあっても、最終的には社会を自分たちで引き受け、自分たちで政治を切り開こうという意識を持ち、反対だけで終わってはいないのです。立憲主義や平和主義というものを、単に「守る」という従来のたたかい方から、自分たちで育んでいこうという運動であることが、そうした発想を下支えしています。

主権者意識に立つということは、言い換えれば、ある種の責任感とも言えると思います。権力に盾突くだけではなくて、自分たちが本来主権者であるはずなのに、それを乗っ取った連中がいる、それを「おかしいだろう」と言って取り返すということですから。誰かを批判し反対するだけではなく、もっとましな世界にできるはずだ、そうなるように自分たちで変えていこうという運動となったということです。

――それをまさに「市民革命的な状況」と形容されているのですね。

中野　ええ。英語でソサエティ（society）とはもともと「社交」の場のことを言います。かつての身分制の下で、ウィーンの舞踏会のような社交界にデビューすることを、ソサエティにデビューすると言いました。ハイソサエティ（上流社会）という言い方もあります。

ソサエティとは、憤りを感じることが許されるような、尊厳をもつ人びとが成しているものでした。貴族だけで構成されていたソサエティが、普通の人も構成員とみなされるようになるというのが、民主化のひとつの過程です。

現在のような尊厳を踏みにじられた状況の下で、普段はおとなしく、政治的なものを避けがちな日本人も「おかしい」と声をあげ、それに対する連帯が広がっていくということは、まさしくフランス革命に代表される、社会が民主化されていくときと同じようなダイナミズムが、いま起きていると言えるでしょう。それをもって「市民革命的状況」というのはまったく正しいことで、違いといえばそこに暴力がないというだけの差です。

この状況をコリン・クラウチ（1944年生、イギリスの政治学・社会学者）さんは、デモクラシーを経たのちの寡頭支配状況という意味で「ポスト・デモクラシー」と呼んでいました。デモクラシーをまだ経験していない「プレ・デモクラシー」ではないのです。

フランス革命であれば、民主主義以前の段階で、文字通りの貴族制、身分制です。しかし日本の場合、形式上は日本国憲法があり、国民が民主主義の担い手だということになっているのに、その実態がない。そういう空洞化を解消して内実を取り戻そうという動きですから、暴力を伴う必要はないのです。むしろ非暴力不服従こそが運動を強くします。

第4章

一人ひとりの尊厳を保障する社会へ

1　野党と市民の共闘の次なるステップは

改憲国民投票と衆議院選挙の可能性

――参院選を経て、次は衆議院選挙です。今回の共闘の到達点を踏まえたとき、野党と市民の一層の共同の前進についての可能性と課題はどこにあるのでしょうか。

中野　市民連合でも、まもなく新しい今後の活動方針についての声明（左資料）を出すことになっていて、私自身の考えもそれに反映されているのですが……。

今後の市民連合の活動方針について

参議院選挙期間中、自公連立与党が「憲法改正は主要な争点ではない」と繰り返していたにもかかわらず、安倍政権やその影響下にあるメディアは選挙後にわかに、あたかも憲法改正が既定路線であるかのように有権者をあざむいています。

私たち市民連合は、改憲そのものを自己目的化するような倒錯した思考を拒絶し、個人の尊厳を擁護する政治の実現をめざして、ひきつづき安保法制の廃止と立憲主義の回復を求めてまいります。

各種世論調査を見ても明らかなように、主権者たる国民は憲法改正を喫緊の課題とはとらえておらず、改憲論議を勝手に進めていくことを国会議員に委任したとは到底言えないことから、安倍政権率いる「改憲勢力」は、今後、市民とともに共闘してきた立憲野党(民進党、共産党、社民党、生活の党)の分断を図り、改憲発議や国民投票と連動させるかたちで衆議院の解散総選挙を仕掛け、民主的正統性や立憲主義の見せかけを調達しようとする可能性があります。

そこで、私たち市民連合としては、ひきつづき全国各地の市民運動と連携しつつ、来るべき衆議院選挙における小選挙区での野党共闘の取り組みを後押しするとともに、個人の尊厳を擁護する政治をいっそう具体化していくために立憲野党との政策協議を積みかさねていきたいと考えています。私たちの代表を一人でも多く衆議院に送り込むために、主権者たる市民の皆さんの粘り強い政治参加を呼びかけます。

２０１６年７月26日

安保法制の廃止と立憲主義の回復を求める市民連合

今回の参院選で、自公政権は憲法改正という争点をひた隠しにして3分の2議席をだまし取ったわけです。彼らはとにかく改憲ありき、どこでもいいから改正したいというように自己目的化していますから、着実に改憲への手続きをすすめてくると考えたほうがいいですね。

彼らには憲法改正の正当性が何もないので、憲法改正の発議や国民投票と連動するかたちで、衆議院の解散総選挙を来年しかけてくる可能性がある。そのときには、野党は政権担当能力がない、バラバラで何も合意できないじゃないかと煽り、安定を求める民意を掻き立て、分断と弱体化をはかってくるでしょう。

一方で、実際の発議は「お試し改憲」路線、つまり9条改正や、自民党憲法改正草案のような復古調がきわめて強い改正案ではなく、一見、立憲主義の枠内に収まるような、テクニカルな改正案を出してくる可能性が高い。

それは、維新の会（おおさか）が提出している改憲案とも一致します。維新の場合、教育無償化、地方分権に向けた機構改革、憲法裁判所の設置、の3点ですが、憲法裁判所の設置はありえないでしょう。また緊急事態条項に関しても、全権委任法のようなものはさすがに通らないでしょうし、国際世論も敵にまわしかねない。なので、大災害時の衆議院議員の任期延長といった一見穏当に見えるところから入ってくる可能性が高いのです。そのときに、私たちはどうそれに対抗できるか。

「お試し改憲」なんてふざけた話はないわけですし、改正することがありきで、どこを改正するかはこれから決めるなんて馬鹿な話もない。どこでもいいから刑法を改正させてくれ、あるいは、どこかは決めていないが民法を改正したいから、改正できるところを合意形成していく、というのと同じぐらい馬鹿げた話です。

そういうふざけた改憲論議につきあっている暇はない、ということをきちんと訴えていくためにも野党共闘が必須なのです。

小選挙区での「立憲野党」の共闘は必須

中野　自民党が「お試し改憲」路線で改憲をしかける場合、公明党をまず説得し、さらに維新も乗せる。さらには民進党の中の改憲派も切り崩したい。そうしないと、国民投票で確実に勝てるところまで野党を弱体化できないからです。
昨年来、立憲主義を守ることを共通軸として4野党の共同戦線を張ってきたわけですが、護憲か改憲かということになると野党も必ずしも一枚岩ではありません。そこを政権側はゆさぶってくるでしょう。ところが、それを許すと改憲派が国会のほとんどを占める翼賛体制になり、その後に大きな影響をもってしまう。それを防ぐためにも、野党共闘を今後も育んでいくことが必須なわけです。そこには民進党内部の分断を予防する意味もあります。

そこで大事なのは、改憲なんてしている場合ではない、そもそも自民党自身が「憲法改正は選挙の争点ではない」「経済が第一だ」と言っていたわけですから、アベノミクスの破綻を認め、国民の生活を立て直す経済政策と社会政策に取り組むべきだという主張を野党共闘できちんとしていくことです。

「軽微な改正ならつきあってもいいじゃないか」という論法にのることはありません。そんなささいな改正なら、そもそも喫緊の必要ではないのであって、自己目的化した改憲に費やす時間があれば、国民生活を立て直すような政策を打たなければいけない。そうしたかたちで野党共闘の枠組みを維持し育てることができるかがせめぎ合いになってくるでしょう。

市民連合としては、立憲4党の枠組みを維持できるように下支えをしていきます。憲法改正の発議と同時に、あるいは国民投票とリンクさせて衆議院選挙を打ってくる可能性が高いとを考えると、小選挙区での候補者調整を現在できる範囲から準備していく必要がある。すでに先行する動きが地方ではあるわけですから、中央でもそういう方向で話し合っていくことが参院選の後にも確認されています。それをバックアップすると同時に、野党に注文していきたいのは、次の二つです。

ひとつは、1章でも申し上げたように、若干、各所で野党共闘に対する反発や疲れが出てきている下で、市民にきちんと公開性があり、民主的なプロセスを経て野党の候補者の一本化がなされることです。例えば候補予定者間の討論会とか、協議です。本来は予備選挙みたいなものができればいいのですが、政党が違うので、誰が投票資格を持つのかという問題が生じます。できる限り市民が参加し納得いくかたちで統一候補が立てられる方法をよく考えて実施してもらいたい、ということが一番目です。

もうひとつは、政策面ですでに合意できていることや、同じ方向を向いていることが多々あるわけですから、それをきちんとアピールしていくことですね。とりわけ暮らしに関係すること、生活を守るために何が必要なのかという政策の考え方が自公とは真逆の方向を向いているはずですから、それを押し出すことのできる政策協議をさらにすすめることが必要だということを、これまで以上に訴えていきたいと思います。

必要なのは野党が一議席でも多くとり、改憲発議や国民投票と連動する場合でも3分の

2を阻止することです。そして、可能なら過半数を割り込ませて改憲を阻止し、立憲主義を回復させる意思を持った野党議員を一人でも多く当選させ、個人の尊厳を擁護する政治を実現していくことです。

「野合」批判にはどう応える？

——政権からは野党に対して、安全保障や自衛隊の位置づけなどについての基本理念が一致していないと激しく攻撃してきていますね。こうした「野合」批判にはどんなふうに応答していくべきでしょう。

中野　たしかに軽々しく議論できる話ではありません。納得できるかたちで何をどこまで踏み込めるのかというのは、それぞれの政党にあるでしょう。全部トップダウンで決めればいいという話ではないのです。共産党の側でどういう議論があるのか、民進党は民進党でかかえている問題をどう議論していくのか、ということでいいと思います。そこで一致できる地点を見出すことができれば、同じ政党になるわけではないですから、相違点が残るのは当然のことです。

今回初めて党を越えて共闘し、今後、場合によっては政権をとることもできるかもしれない。それを視野においたときに、どういう協定があればできるかということでアプローチしていくほかないでしょう。

――そもそも理念が違うから別々の政党なのですからね。自公政権だって、どこまで基本理念が一致しているのか。

中野　その通りです。では公明党に聞きますが、9条についての考え方もすべて自民党と同じという理解でいいのですかと問われたら真っ青になるでしょう。それを問わずに民進党や共産党、社民党、生活の党が政策合意も含めた共闘を協議することを論難するのは、ためにする議論でしかありません。異なる理念を持つ政党が連立を組むということは、どこの国でもあることです。自公連立政権だって同じなのですから、こちらだけ野合呼ばわりされるいわれはないし、言いっ放しにさせておくメディアもおかしい。怯む必要はありません。

「個人の尊厳」を具体化する政策づくり

――今回、宮城県の共闘で合意された協定（別掲）は幅広く「個人の尊厳」を実現する政策を具体的に示していたように思います。市民連合も今後、このような具体的な政策を全国的に提案していくの

でしょうか？

「民進党宮城県連と共産党宮城県委員会、桜井充予定候補　政策協定書」

①立憲主義に基づき、憲法違反の安保関連法廃止と集団的自衛権行使容認の7・1閣議決定の撤回を目指す。

②アベノミクスによる国民生活の破壊を許さず、広がった格差を是正する。

③原発に依存しない社会の早期実現、再生可能エネルギーの促進を図る。

④不公平税制の抜本是正を進める。

⑤民意を踏みにじって進められる米軍辺野古新基地建設に反対する。

⑥安倍政権の打倒を目指す。

中野　これまでアベノミクスといわれてきた経済政策の内実は、国民の年金までつぎ込んで株価を人工的につり上げ、それによって経済成長への期待をつくりだし、いずれは国民生活にもトリクルダウンが及ぶだろうということでした。しかし、これがうまくいっていないことは明らかです。

それに対して、異なるお金の回し方として、「分配なくして成長なし」ということをきちんと訴えていく必要があります。社会権はそれ自体として重要だし尊いわけですが、それがないと結局のところ経済全体がしぼみ、成長も望めないし、税収も増えず、負のサイクルにとどまってしまう。このことを広く訴えていく必要があります。

具体的な先行事例として、宮城の政策協定はいい例です。やはり、いまの政治や社会の変化のおもしろいところは、中央の司令塔とかブレーンが図面を描いてデザインするのではなく、あっちこっちでいろんな人たちが考え、自分たちで生み出したものから「これ、いいね」というものが出てくるところです。選挙のプラカードやスローガンなどもそうですが、政策面においても、地方の小さいところで生まれたアイデアをとりいれて、「うちでもやってみようか」といったことが出てくる。それは国政にも波及する可能性があります。

昨年の戦争法に反対するデモの中でも、誰かが東京で聞いたコールを翌日に函館でとりいれ、そこでの経験をまた東京にフィードバックする、といった関係がありました。「向こうではこんなふうにやっているらしい」と真似し合いながら、お互いに元気をもらう。中央と地方、あるいは地方どうしの応答関係は、新しいネットワーク型の運動の特徴といっていいでしょう。

——市民連合と野党のあいだの基本政策合意はありますが、具体的な政策協定は各選挙区で個別に決めていたのですね。

中野　そうです。地域によって、ＴＰＰが重要な争点となるところもあれば、やはり原発については なかなか反対でまとまるのが難しい地域もあります。そういった中で、地域事情に合わせた個別の協定を取り決めてきたのが実態です。

逆に東京都知事選などでは、連合が自主投票を決めて鳥越さんを支持しなかった結果、鳥越さんはこれまでないほど脱原発に踏み込みました。これも揺さぶりのひとつにはなったでしょう。全体として政策がよりよい方向に向かっていくうえでは、それもひとつの実験だと思います。今度はそれが民進党の政策にもインパクトを与えるかもしれない。見方によっては統率がとれてないのですが、そのバラバラさがうまい加減に働いているところがあると思います。

その基調にある強さは、お互いに対するリスペクトが、違いをプラスに働かせることのできる基盤になっていることです。個々人が貴重な存在であり尊厳をもっていることをベースに政治は成り立つべきだということを、みんなが共有しているからだと思います。

そういったものが衆院選に向けて各地から出てくることが、政策の豊かさにもつながっていく。これは安保法制の廃止や立憲主義というテーマを忘れることではありません。何のための立憲主義なのか、なぜ戦争に反対するのかといえば、究極的には個人の尊厳を守るためなのですから、同じように、個人の尊厳を守る経済のあり方、社会のあり方、労働のあり方を政策として提起していく必要があります。

三つの価値――リベラル・リスペクト・リニューアル

――SEALDsの奥田さんらとともに立ち上げたシンクタンク「リデモス」では、「リベラル」「リスペクト」「リニューアル」という三つの基本理念を掲げ、持続可能性のある社会をめざすべきだと言われています。具体的にはどのような社会像だと考えられていますか。

中野　個人の権利や尊厳を第一に考えたとき、人が個人となり、個人としての生活の中で家族をつくり、社会の構成員として生き、最後は個人として死んでいく、その全体像を見る中で、自由や社会の持続可能性を考える必要があると思います。

人は誰しも、最初は誰かの子として母親のお腹から生まれるというのが出発点です。その意味では、生まれ落ちた瞬間から個人ではないのです。その段階では母親や保護者にべったり依存しなければ生きていけない、必然的な条件があります。そのなかで、一人の個人として生きていけるように育てられ、「一人前」になっていく。そして、成熟してからは自分自身が親になり、最終的には老いて介護が必要な人間となり、亡くなっていきます。こうした人の営みを考えたときに、より豊かでより複雑な、自由についての議論が必要だし、社会の再生産に対する視点が必要になってきます。

安倍さんの「一億総活躍」というスローガンでは、常にみんなが一人前として活躍できることが想定されているようですが、個人の一生を考えれば、そんなことはあるわけがないのです。そうした視点の欠如は、いまさえよければよいという刹那的な政治のやり口にも通じています。自由という言葉も限定的な意味でしかとらえられず、人びとが個人として本質的な自由を享受するために何が必要なのかという理解があるとは思えません。

労働者としての活躍を期待されるのであれば、まず労働者として育成される必要がありますし、休息や余暇も必要ですし、家族をつくるのに十分な労働環境や給与も保障されなければならない。一人ひとりが個人であること、あるいは個人になれること、個人になりうる存在であることに対するリスペクトをきちんともっていない限り、リニューアルが可能な、すなわち持続可能な社会はつくりようがないということです。こうした大局的な発想が、経済に関しても、社会のつくり方に関しても、安倍政治に対抗するアプローチとして必要だと考えています。

先進国をやめ開発独裁をめざす安倍政権

中野 教育や医療など社会保障全般について、持続可能な社会を運営するために、どんなところに公共支出が必要なのか。それは、最終的には人を育て、大切にすることにつきます。その視点に立った発想の転換が必要です。

しかし、日本がそうなっていないのは、周回遅れの保守思想が跋扈《ばっこ》しているためです。それも保守主義と新自由主義の結合になっている。両者にある種の親和性があるから結合しているわけですが、典型的には、企業や国家のために人びとを使い捨てにしようといった思想ですね。

いまの安倍政権を見ていると、日本をもう一度開発独裁（経済発展の途上にある国の政府が、国民の民主的な政治参加を抑制しつつ、急速な発展と近代化をめざす体制）の国にしたいのではないかとさえ思うときがあります。先進国であることをやめたいのでしょうか。

わかりやすいのはアベノミクスで、円安に誘導してわざわざ国の富を減らし、経済水準を下げて、成長の幅をもう一度広くしようというわけです。その中で国家の権限や大企業への富の集中を加速させ、軍事面だけではなく経済面でも明治時代に戻りたいかのようです。「坂の上の雲」よもう一度、というわけですね。

ただ、そこに大きな誤謬というか、時代遅れの部分があることは覆い隠しようがありません。かつての日本は、資源はありませんでしたが人口が多かったので、安価な労働力を使い捨てながら、欧米に追いつけ追い越せ、富国強兵でやってきました。それが、いまは使い捨てできるだけの人口がないにもかかわらず、もう一度人件費を安くすれば、かつてのように経済成長ができると思っている。時代状況の差が読めていないという、哀れなまでの倒錯があります。

それに対処する上でも、個人の尊厳に対するリスペクトが対抗理念になります。個人の尊厳、個人の尊重は無条件の価値としてあるということは何度でも強調する必要がありますが、それだけではなく、経済を全体として持続的に回っていくようにするためにも、個々人を大切にし、きちんと育て、必要なときは休ませ、それぞれの居場所をつくることを保障した社会が必要なのだということを強調する必要があると思います。

たとえば、民主党政権時代の子ども手当や高校の授業料無償化に対して、バラマキだといった批判が出ました。ここで大事なのは、それが個々の当事者の人権としてあるべきだからと主張するだけでなく、社会全体にとってもそのほうが有益だということを強調することです。

そもそも人は人として価値があり、個人として大切にされなくてはならないという理念は大前提として何度でも強調しつつ、それだけではなくて、いまのような時代には、そうしないと社会全体の未来が描けないということも言うべきなのです。

個人の尊厳が大切だと言っただけでは説得できない人たちも一定います。その人たちには功利主義的に、そうしたほうが、あなたのためにも、社会全体のためにも得ですよという言い方をする必要がある。外国人に対する差別や女性の権利、ＬＧＢＴの人の権利など、なんでもそうですが、ぜいたく品として権利を与えるのではなく、そのような平等性のある国にしていかないと、今後の世界で競争力を持ち、新しいアイデアが生まれるような経済社会はつくれません。「人権ではメシは食えない」ではなく「人権を大切にしないとメシは食えませんよ」と、教えてあげないといけないのです。

息の長い挑戦ではありますが、企業とか会社に対する理解をアップデートする必要があります。家族主義的経営や終身雇用という神話がある程度信憑性をもっていた時代の会社像が日本には根強い。当時からそれは半ば虚像ではあったのですが、現在はまったくのウソになっています。にもかかわらず、いまだに会社や企業という言葉によって喚起されるイメージがホワイトすぎる。これは世界的に見ても異常です。

メディアも企業の悪い部分を書かないので、企業がいかに人びとを不幸にしているかという冷静な分析や理解がなさすぎます。もちろん、企業を全否定するのではなく、企業が社会の中でよりまっとうな働きをするためにも、おかしい部分を指摘しなくてはいけないのです。

安倍さんは日本を「世界で一番企業が活躍しやすい国」にすると言っています。しかし、何のために企業があるかと言えば、人のためにあるのです。個人には愛国心が足りないと言いながら、企業には法人税を下げないと海外に移転するぞと脅されてハイハイと従う。なにか矛盾していませんか？　人を大切にせず、企業にはそこまで脅されて文句も言わない。愛国心はどこにあるのかと言いたくなりますね。

2 市民の参加する政治に必要な条件

市民政党の登場には公職選挙法の民主化が不可欠

――参議院選挙が「市民革命」に向けたスタートだとすれば、衆議院選挙は何がテーマになりますか。

中野 今後、衆院選を見据えて市民参加と野党共闘を進化させていくために、訴えるべきことがいくつかあります。安保法制や立憲主義にかかわることだけではなく、生活にかかわる政策を含めて議論を進化させていく。これは政党間に任せるだけではなく、市民側からも注文しつつ一緒に考えていくということが必要です。

もうひとつ、立憲主義や民主主義を守るだけではなく、育んでいくことを考える上で、公職選挙法について、市民の声をもとに野党がイニシアティブをとって改正していくことが必要です。

今回、市民連合もそうですし、各地の選挙においても、この異様で合理性を欠いた公職選挙法のために、細心の注意を払う必要がありました。絶対に逮捕者を出してはいけない、取り締まる口実を与えてはいけないと思い、法令遵守を徹底しました。デモの中でも、挑発する者があらわれて逮捕者が出ると、せっかく参加するようになってきた市民が遠ざかってしまいますね。そういったことは許さないのと同時に、ＳＮＳのメッセージならいいけれどメールで投票依頼をしてはいけないと言うような変な法律ではあるけれど守るしかないと、違反しないように努めてきました。

ただ、著しく合理性を欠いた、おかしな法律であることは間違いないのです。主権者が自分たちの代表を決める選挙に際して、あれもこれもするなと指図され、身動きがとれない状態になるというのはどう考えてもおかしい。その理不尽さは、今回選挙に参加した多くの市民が感じたことでしょう。

それまで当たり前にできていた政治活動が、選挙運動となったとたんできなくなり、何が何だかさっぱりわからない。やはりこれはおかしい、ということを野党の側から突いてほしい。これは憲法改正などより、はるかに優先度が高いはずです。それがないかぎり、新しい政治のかたちを満足いく状況で実現することは難しいので、非常に大きな課題になると思います。

――先生はある雑誌で「公職選挙法の民主化を要求し、その後に市民運動が自らの政党や候補者を立てるべき」ということを述べられていましたね。

中野　現在のような民進党のあり方が、このままではもたないだろうという認識が土台にあります。なかには頑張っている人はいても、全体としてはいつまで政党として持つのかという状況です。社民党にしても生活の党にしても風前の灯ですから、そうなれば政党らしいかたちをなしているのは共産党だけだとなってしまう。

その一方で、かつてなく市民が政治に参加しはじめているのですから、その中で生まれる新しい政党があるのではないかという、これはひとつの予見です。スペインのポデモスのように自分たちで政党をつくれる状況にはまだなっていないのですが、その中で課題も明らかになってくるはずです。

リベラルと左派の連合をつくる

中野　私はこれまで述べてきた通り、リベラルと左派のしっかりした連合ができない限りは、政党政治のバランスも回復できないと考えます。

現在の民進党はどう見ても左派政党ではなく、社民党も勢力としては極小になってしまいましたから、現在ある左派政党としては共産党が唯一です。それと連動できるリベラル政党が、現在のままの民進党だけというわけにはいかないだろうというのが私の読みです。

現在の状況下で、既存の政党の中で使えるものは使うということで、民進党には頑張ってもらう必要がありますし、その中にもちろんいい人もいます。ただ、これだけ動き始めた市民の中から、新しい人たちが中心となってリベラル政党をつくり、そこが左派政党である共産党と連合していくかたちを、最終的にはめざすべきだと考えています。

――共産党とも一致できるような新たな結集軸が運動の中でつくられていくだろうし、そうでなければ立憲主義も守れない。

中野　ええ。それに向けた努力として、共産党の側がどんどん変わってきているのが見えてきていますから。神奈川選挙区のあさかさんや愛知のすやまさんなどが象徴的ですが、多様性や自由さが広がり、新しい層を意識したアピールがなされていると感じています。

現在の民進党のように、リベラルとネオリベラル（新自由主義）が区別できていない、どっちつかずの政党では、このまま弱体化を止められないでしょう。新自由主義と決別したリベラル政党が出てこなければいけない。それは政治学者としての私自身の読みというか、望ましいと思う未来予想でもあります。

――市民運動もですが、労働組合に対して期待するところも大きいですね。

中野　そうですね。労働界の再編まで行くかはわかりませんが、「総がかり行動」が示した新しい可能性はあると思います。それは違いを乗り越えて手を結ぶ力です。もともと労働運動の理念とはそういうものですよね。原点に帰って、既成概念にとらわれずに、いま大きく育ちはじめた運動をさらに育てることを第一に考えてほしい。

民進党が限界に近づいているのと同じ意味で、連合という枠組みの限界もいずれくるのではないかと私自身は思っています。

——私は労働組合出身なので、労働組合が今後一皮むけるにはどうしたらいいのかと考えてしまいます。この大激変に際して、労働運動に対してはどうアドバイスされますか。

中野 労働組合は組織がきちんとありますから、それだけ変わるのが大変だという面もあります。また、政治参加ということを考えると難しい部分もある。そうした条件の下で、市民運動に比べれば変化が遅めになりがちな部分はあるでしょうが、すでにさまざまな労働運動の中で、これまで組織化されていなかった非正規雇用の労働者に対するアプローチが始まっていますし、そこで若者や女性と問題関心を共有することができれば、それだけ人も入ってきやすくなります。

——市民運動から学んだ成果も確かにあります。

中野 やはり、社会変革はみんなでやるものですからね。ただ、現在先頭を走っているのは若者と女性で、残念ながら労働組合は弱い。そのことに対して感度を高めることが、労働組合が脱皮し、より中心的な役割が果たすためのひとつのカギだと思います。

一人から変化は始まる

――最後になりますが、先生がおっしゃったように応答能力のある政治家、議員をわれわれ市民がどうやって育てていくのか、これからの大きな課題ですね。

中野　本当にそうだと思います。これから求められる政治家は、市民への応答能力をもった政治家になってくるのです。絶えず市民と向き合って応答して、聞く耳をもって、自分自身も変わっていき、考えることができる。一方的に「ついてこい」という人でもなければ、有権者に受けることをやればいいと考える人でもない。そういう力をもった政治家を、少しずつ育てていくことができ、もっと多くの人が市民の中から出てくるようになっていけば、政治も変わってくると思います。

いま起きている変化は、まさに「一人から始める」変化です。だから、一人でも違った感性をもった人が入ってきて、波風を立てるだけで変化は起こりうる。実は、みんな問題意識はもっていて、変わりうる条件はあるのに、きっかけがないから従来通りにやっているという組織も多いでしょう。ささいなことが契機になり、気づいてみれば少しずつ変わっていっている、ということは起こりえます。

何がきっかけになるかは人によって異なります。今回のことが印象に残って、何かがちがうなあと感じて終わった人もいれば、場合によっては、次は自分も機会があったらかかわることもありかなと思った人もいるでしょう。

政治に期待することをあきらめ、自分とは無縁なものだと思っていた人たちが、「いや、そうでもないのかな」「これはちょっとおもしろそうだな」と思うきっかけになればいいのです。ただ、それには時間がかかるし、それぞれのタイミングがある。誰かに言われて仕方なくやるのではなく、自分がその気になるということですから。人によってそれぞれのペースでいいのです。何年かはかかるかもしれませんが、今回たくさん撒かれた変化の種が、少しずつ社会の中に芽吹いてくることは十分期待していいと思います。

――やはり他者性を認めた、つまり「リスペクト」という言葉が非常に大事なキーワードになるのかと思いました。長時間ありがとうございました。

資料　衆議院・参議院選挙結果と連立政権（1983年７月〜2016年７月）

1983年７月　参議院選挙

	自民	新自由クラブ民主連合		社会	民社	公明	共産	二院ク	福祉	サラリーマン新党	諸派	無所属	合計
比例	19	1		9	4	8	5	1	1	2			50
選挙区	49	1		13	2	6	2				2	1	76
計	68	2		22	6	14	7	1	1	2	2	1	126

1983年12月　衆議院選挙

	自民	新自由クラブ		社会	民社	公明	共産	社民連	無所属	合計
選挙区	250	8		112	38	58	26	3	16	511

☆1983.12　第２次中曽根内閣（自民・新自由クラブ）

1986年７月　参議院選挙

	自民	新自由クラブ		社会	民社	公明	共産	二院ク	税金	サラリーマン新党	無所属	合計
比例	22	1		9	3	7	5	1	1	1		50
選挙区	50			11	2	3	4				6	76
計	72	1		20	5	10	9	1	1	1	6	126

1986年７月　衆議院選挙

	自民	新自由クラブ		社会	民社	公明	共産	社民連	無所属	合計
選挙区	300	6		85	26	56	26	4	9	512

1989年７月　参議院選挙

	自民		社会	民社	公明	共産	二院ク	税金	スポーツ平和党	連合の会	諸派	無所属	合計
比例	15		20	2	6	4	1	1	1				50
選挙区	21		26	1	4	1		1		11	1	10	76
計	36		46	3	10	5	1	2	1	11	1	10	126

1990年２月　衆議院選挙

	自民		社会	民社	公明	共産	社民連	進歩党	無所属	合計
選挙区	275		136	14	45	16	4	1	21	512

1992年７月　参議院選挙

	自民		社会	民社	公明	共産	二院ク	日本新党	スポーツ平和党	諸派	無所属	合計
比例	19		10	3	8	4	1	4	1			50
選挙区	48		12	1	6	2				2	5	76
計	67		22	4	14	6	1	4	1	2	5	126

1993年 7 月　衆議院選挙

	日本新党	社会	新生党	公明	民社	新党さきがけ	社民連		自民	共産	無所属	合計
選挙区	35	70	55	51	15	13	4		223	15	30	511

☆1993. 8　細川内閣（日本新党・社会党・新生党・公明党・民社党・新党さきがけ・社会民主連合・民主改革連合）
☆1994. 4　羽田内閣（新生党・公明党・日本新党・自由党・民社党・社会民主連合・改革の会）
☆1994. 6　村山内閣（社会党・自民党・新党さきがけ）

1995年 7 月　参議院選挙

	自民	新党さきがけ	社会		新進	共産	二院ク	平和・市民	民主改革連合	無所属	合計
比例	15	2	9		18	5	1				50
選挙区	31	1	7		22	3		1	2	9	76
計	46	3	16		40	8	1	1	2	9	126

☆1996. 1　第 1 次橋本内閣（自民党・社会民主党・新党さきがけ）

1996年10月　衆議院選挙

	自民	社会民主党	新党さきがけ		新進	民主党	共産	民主改革連合	無所属	合計
比例	70	11			60	35	24			200
小選挙区	169	4	2		96	17	2	1	9	300
計	239	15	2		156	52	26	1	9	500

☆1998. 1　小渕第 1 次改造内閣（自民党・自由党）

1998年 7 月　参議院選挙

	自民	自由		民主	社会民主党	公明	共産	無所属	合計
比例	14	5		12	4	7	8		50
選挙区	30	1		15	1	2	7	20	76
計	44	6		27	5	9	15	20	126

☆1999.10　小渕第 2 次改造内閣（自民党・自由党・公明党）
☆2000. 4 . 7　第 1 ・ 2 次森内閣（自民党・公明党・保守党）

2000年 6 月　衆議院選挙

	自民	公明	保守党		民主党	自由	共産	社会民主党	無所属の会	自由連合	無所属	合計
比例	56	24			47	18	20	15				180
小選挙区	177	7	7		80	4		4	5	1	15	300
計	233	31	7		127	22	20	19	5	1	15	480

☆2001. 4　第 1 次小泉内閣（自民党・公明党・保守新党）

2001年７月　参議院選挙

	自民	公明	保守新党		自由	民主	社会民主党	共産	無所属	合計
比例	20	8	1		4	8	3	4		48
選挙区	44	5			2	18		1	3	73
計	64	13	1		6	26	3	5	3	121

2003年11月　衆議院選挙

	自民	公明		保守新党	民主党	共産	社会民主党	無所属の会	自由連合	無所属	合計
比例	69	25			72	9	5				180
小選挙区	168	9		4	105		1	1	1	11	300
計	237	34		4	177	9	6	1	1	11	480

☆2003.11　第２次小泉内閣（自民党・公明党）

2004年７月　参議院選挙

	自民	公明		民主	社会民主党	共産	無所属	合計
比例	15	8		19	2	4		48
選挙区	34	3		31			5	73
計	49	11		50	2	4	5	121

2005年９月　衆議院選挙

	自民	公明		民主	社会民主党	共産	国民新党	新党日本	新党大地	無所属	合計
比例	77	23		61	6	9	2	1	1		180
小選挙区	219	8		52	1		2			18	300
計	296	31		113	7	9	4	1	1	18	480

☆2005. 9　第３次小泉内閣（自民党・公明党）
☆2006. 9　第１次安倍内閣（自民党・公明党）

2007年７月　参議院選挙

	自民	公明		民主	社会民主党	共産	国民新党	新党日本	無所属	合計
比例	14	7		20	2	3	1	1		48
選挙区	23	2		40			1		7	73
計	37	9		60	2	3	2	1	7	121

☆2007. 9　福田康夫内閣（自民党・公明党）
☆2008. 9　麻生内閣（自民党・公明党）

2009年８月　衆議院選挙

	自民	公明		民主	社会民主党	国民新党	共産	新党日本	みんなの党	新党大地	無所属	合計
比例	55	21		87	4		9		3	1		180
小選挙区	64			221	3	3		1	2		6	300
計	119	21		308	7	3	9	1	5	1	6	480

☆2009. 9　鳩山由紀夫内閣（民主党・社会民主党（途中離脱）・国民新党）
☆2010. 6　菅内閣（民主党・国民新党）

2010年７月　参議院選挙

	自民	公明		民主	社会民主党	共産	たちあがれ日本	みんなの党	改革	無所属	合計
比例	12	6		16	2	3	1	7	1		48
選挙区	39	3		28				3			73
計	51	9		44	2	3	1	10	1		121

☆2011. 9　野田内閣（民主党・国民新党）

2012年12月　衆議院選挙

	民主	国民新党	自民	公明	日本維新の会	社会民主党	日本未来の党	共産	新党日本	みんなの党	新党大地	無所属	合計
比例	30		57	22	40	1	7	8		14	1		180
小選挙区	27	1	237	9	14	1	2			4		5	300
計	57	1	294	31	54	2	9	8		18	1	5	480

☆2012.12　第２次安倍内閣（自民党・公明党）

2013年７月　参議院選挙

	自民	公明		民主	日本維新の会	社会民主党	共産	みんなの党	諸派	無所属	合計
比例	18	7		7	6	1	5	4			48
選挙区	47	4		10	2		3	4	1	2	73
計	65	11		17	8	1	8	8	1	2	121

2014年12月　衆議院選挙

	自民	公明		民主	維新の党	社会民主党	次世代の党	共産	生活の党	無所属	合計
比例	68	26		35	30	1		20			180
小選挙区	223	9		38	11	1	2	1	2	8	295
計	291	35		73	41	2	2	21	2	8	475

☆2014.12　第３次安倍内閣（自民党・公明党）

2016年７月　参議院選挙

	自民	公明		民進党	おおさか維新の会	社会民主党	生活の党と山本太郎となかまたち	共産	無所属	合計
比例	19	7		11	4	1	1	5		48
選挙区	36	7		21	3			1	5	73
計	55	14		32	7	1	1	6	5	121

中野晃一（なかの　こういち）

1970年東京生。東京大学文学部、オックスフォード大学卒業。プリンストン大学・博士号（政治学）取得。現在上智大学国際教養学部教授
著書に『戦後日本の国家保守主義』（岩波書店、2013年）、『右傾化する日本政治』（岩波新書、2015年）、『徹底検証　安倍政治』（編・岩波書店、2016年）など

［聞き手］田中章史（たなか　あきふみ）

1949年埼玉県生。元自治労連副委員長。著書に『福祉国家型地方自治と公務労働』（共著、大月書店、2011年）

つながり、変える 私たちの立憲政治

2016年10月20日　第１刷発行

定価はカバーに表示してあります

著　者　中　野　晃　一
発行者　中　川　　進

〒113-0033　東京都文京区本郷2-11-9
発行所　株式会社　大月書店
印刷　製本　三晃印刷

電話（代表）03-3813-4651　FAX03-3813-4656／振替 00130-7-16387
http://www.otsukishoten.co.jp/

ISBN978-4-272-21116-6　C0031　Printed in Japan